我
思

敢于运用你的理智

经典维新丛书，将以不同的视角来重新整理出版近代以来的经典学术论著，其出版思路可分为：

一、展现某学术著作的思想史或批评史，如胡适《说儒》第二部分“说儒前史”，熊十力《新唯识论（批评本）》；

二、梳理某种观念或学说的历史际遇，如《国学到底是什么》《阳明心学得失论》；

三、挖掘被当代学术界忽视的学术论著，如《汤用彤讲西方哲学》、马一浮《法数钩玄》；

四、选编反映某学术大家思想特质的文集，如《太虚讲国学哲学》《王国维哲学论著集》。

经典维新

经典维新

阳明心学得失论

吴闲 选编

长江出版传媒 | 崇文书局

图书在版编目（CIP）数据

阳明心学得失论 / 吴闲选编 .
— 武汉：崇文书局，2019.9
（经典维新）
ISBN 978-7-5403-5609-5

Ⅰ. ① 阳…
Ⅱ. ① 吴…
Ⅲ. ① 王守仁（1472-1528）—心学—研究
Ⅳ. ① B248.25

中国版本图书馆 CIP 数据核字 (2019) 第 149402 号

我思

敢于运用你的理智

阳明心学得失论

出　　品　崇文书局人文学术出版中心
策 划 人　梅文辉 (mwh902@163.com)
责任编辑　吴海明　刘　丹
装帧设计　张鑫容
出版发行　长江出版传媒｜崇文书局
地　　址　武汉市雄楚大街 268 号 C 座 11 层
电　　话　(027)87680797　邮政编码　430070
印　　刷　武汉中科兴业印务有限公司
开　　本　880mm×1230mm　1/32
印　　张　7
字　　数　144 千字
版　　次　2019 年 9 月第 1 版
印　　次　2019 年 9 月第 1 次印刷
定　　价　38.00 元

(读者服务电话：027—87679738)

目　录

姚江学案

黄宗羲

王守仁，字伯安，学者称为阳明先生，余姚人也。父华，成化辛丑进士第一人，仕至南京吏部尚书。先生娠十四月而生，祖母岑夫人梦神人送儿自云中至，因命名为云。五岁不能言，有异僧过之，曰:“可惜道破。”始改今名。豪迈不羁，十五岁纵观塞外，经月始返。十八岁，过广信，谒娄一斋，慨然以圣人可学而至。登弘治已未进士第，授刑部主事，改兵部。逆瑾矫旨逮南京科道官，先生抗疏救之，下诏狱，廷杖四十，谪贵州龙场驿丞。瑾遣人迹而加害，先生托投水脱去，得至龙场。瑾诛，知庐陵县，历吏部主事、员外郎、郎中，升南京太仆寺少卿、鸿胪寺卿。时虔、闽不靖，兵部尚书王琼特举先生以左佥都御史巡抚南、赣。未几，遂平漳南、横水、桶冈、大帽、浰头诸寇。已卯六月，奉敕勘处福建叛军。至丰城而闻宸濠反，遂返吉安，起兵讨之。宸濠方围安庆，先生破南昌，濠返兵自救，遇之于樵舍，三战，俘濠。武宗率师亲征，群小张忠、许泰欲纵濠鄱湖，待武宗接战而后奏凯。先生不听，乘夜过玉山，集浙江三司，以濠付太监张永。张永者，为武宗亲信，群小之所惮也。命兼江西巡抚。又明年，升南京兵部尚书，封新建伯。嘉靖壬午，丁冢宰忧。丁亥，原官兼左都御史，起征思、田。思、田平，以归师袭八寨、断藤峡，破之。先生幼梦谒马伏波庙，题诗于壁。至是，道出祠下，恍如梦中。时先生已病，疏请告。至南安，门人周积侍疾，问遗言，先生曰："此心光明，亦复何言？"顷之而逝，七年戊子十一月二十九日也，年五十七。

先生之学，始泛滥于词章，继而遍读考亭之书，循序格物，顾物理吾心终判为二，无所得入。于是出入于佛、老者久之。及至居夷处困，动心忍性，因念圣人处此更有何道，忽悟格物致知之旨，圣人之道，吾性自足，不假外求。其学凡三变而始得其门。

自此以后，尽去枝叶，一意本原，以默坐澄心为学的。有未发之中，始能有发而中节之和，视听言动，大率以收敛为主，发散是不得已。江右以后，专提"致良知"三字，默不假坐，心不待澄，不习不虑，出之自有天则。盖良知即是未发之中，此知之前更无未发；良知即是中节之和，此知之后，更无已发。此知自能收敛，不须更主于收敛；此知自能发散，不须更期于发散。收敛者，感之体，静而动也；发散者，寂之用，动而静也。知之真切笃实处即是行，行之明觉精察处即是知，无有二也。居越以后，所操益熟，所得益化，时时知是知非，时时无是无非，开口即得本心，更无假借凑泊，如赤日当空而万象毕照。是学成之后，又有此三变也。

先生悯宋儒之后学者以知识为知，谓"人心之所有者不过明觉，而理为天地万物之所公共，故必穷尽天地万物之理，然后吾心之明觉与之浑合而无间”。说是无内外，其实全靠外来闻见以填补其灵明者也。先生以圣人之学，心学也。心即理也，故于致知格物之训，不得不言“致吾心良知之天理于事事物物，则事事物物皆得其理”。夫以知识为知，则轻浮而不实，故必以力行为功夫。良知感应神速，无有等待，本心之明即知，不欺本心之明即行也，不得不言“知行合一”。此其立言之大旨，不出于是，而或者以释氏本心之说，颇近于心学，不知儒、释界限只一理字。释氏于天地万物之理，一切置之度外，更不复讲，而止守此明觉；世儒则不恃此明觉，而求理于天地万物之间，所为绝异。然其归理于天地万物，归明觉于吾心，则一也。向外寻理，终是无源之水，无根之木，纵使合得，本体上已费转手，故沿门乞火与合眼见暗，相去不远。先生点出心之所以为心，不在明觉而在天理，金镜已坠而复收，遂使儒、释疆界渺若山河，此有目者所共睹也。试以孔、孟之言证之。致吾良知于事物，事物皆得其理，非所谓“人能弘道”乎？若在事物，则是“道能弘人”矣。告子之外义，岂灭义而不顾乎？亦于事物之间求其义而合之，正如世儒之所谓穷理也，孟子胡以不许之，而四端必归之心哉！嗟乎，糠秕眯目，四方易位，而后先生可疑也。

隆庆初，赠新建侯，谥文成。万历中，诏从祀孔庙，称“先儒王子”。

选自《明儒学案》卷十

《阳明先生集要三种》序

严复

丙午长夏，方君芑南、魏君蕃实重刊《阳明集要三种》成，诿复为之序。自念如复不肖，何足以序阳明之书，故虽勉应之，未有以报也。冬日邂逅江上，魏君又以为言，且曰非得序无以出书。既辞不获，则曰：

嗟乎！阳明之书，不待序也。夫阳明之学，主致良知。而以知行合一，必有事焉，为其功夫之节目。其言既详尽矣，又因缘际会以功业显。终明之世，至于昭代，常为学者宗师。近世异学争鸣，一知半解之士，方怀鄙薄程朱氏之意，甚或谓吾国之积弱，以洛闽学术为之因。独阳明之学，简径捷易，高明往往喜之。又谓日本维新数巨公，皆以王学为向导，则于是相与偃尔加崇拜焉。然则阳明之学，世固考之详而信之笃矣，何假不肖更序其书也哉！

虽然，吾于是书，固亦有心知其意，而不随众人为议论者，可为天下正告也。盖吾国所谓学，自晚周、秦、汉以来，大经不离言词文字而已。求其仰观俯察，近取诸身，远取诸物，如西人所谓学于自然者，不多遘也。夫言词文字者，古人之言词文字也，乃专以是为学，故极其弊，为支离，为逐末，既拘于墟而束于教矣。而课其所得，或求诸吾心而不必安，或放诸四海而不必准。如是者，转不若屏除耳目之用，收视返听，归而求诸方寸之中，辄恍然而有遇。此达摩所以有廓然无圣之言，朱子晚年所以恨盲废之不早，而阳明居夷之后，亦专以先立乎其大者教人也。

惟善为学者不然。学于言词文字，以收前人之所已得者矣，乃学于自然。自然何？内之身心，外之事变，精察微验，而所得或超于向者言词文字外也。则思想日精，而人群相为生养之乐利，乃由吾之新知而益备焉。此天演之所以进化，而世所以无退转之文明也。知者，人心之所同具也；理者，必物对待而后形焉者也。是故吾心之所觉，必证诸物之见象，而后得其符。火之必然，理欤？顾使王子生于燧人氏之前，将炰燔烹饪之宜，未必求诸其一心而遂得也。王子尝谓："吾心即理，而天下无心外之物矣。"又喻之曰："若事父，非于父而得孝之理也；若事君，非于君而得忠之理也。"是言也，盖用孟子万物皆备之说而过，不自知其言之有蔽也。今夫水湍石碍，而砰訇作焉，求其声于水与石者，皆无当也，观于二者之冲击，而声之所以然得矣。故论理者，以对待而后形者也。使六合旷然，无一物以接于吾心，当此之时，心且不可见，安得所谓理者哉？是则不佞所窃愿为阳明诤友者矣。虽然，王子悲天悯人之意，所见于答聂某之第一书者，真不佞所低徊流连翕然无间言者也。世安得如斯人者出，以当今日之世变乎！

魏君待吾言亟，则拉杂率臆书以邮之。侯官严复敬序。

1908年《广益丛报》第159期

王学

章太炎

王守仁南昌、桶冈之功，职其才气过人，而不本于学术。其学术在方策矣，数传而后，用者徒以济诈，其言则祇益缦简粗觕。何也？王守仁之立义，至单也。

性情之极，意识之微，虽空虚若不可以卷握，其鰓理纷纭，人鬊鱼网，犹将不足方物。是故古之为道术者，“以法为分，以名为表，以参为验，以稽为决，其数一二三四是也”。《庄子·天下篇》语。《周官》《周书》既然，管夷吾、韩非犹因其度而章明之。其后废绝，言无分域，则中夏之科学衰。况于言性命者，抱蜀一趣，务为截削省要，卒不得省，而几曼衍，则数又亡以施。故校以浮屠诸论、泰西惟心合理之学说，各为条牒，参伍以变者，蛰之与昭、跛之与完也。

夫浮屠不以单说成义，其末流禅宗者为之。儒者习于禅宗，虽经论亦不欲睹，其卒与禅宗偕为人鄙。义窭乏而尚辞，固齇质也。

尝试最观守仁诸说，独“致良知”为自得，其他皆采自旧闻，工为集合，而无组织经纬。

夫其曰“人性无善无恶”，此本诸胡宏，胡宏曰：“凡人之生，粹然天地之心，道义完具，无适无莫，不可以善恶辨，不可以是非分。”又曰：“性者，善不足以言之，况恶邪？”而类者也，陆克所谓“人之精神如白纸”者也。

其曰“知行合一”，此本诸程颐，程颐曰：“人必真心了知，始发于行。如人尝噬于虎，闻虎即神色乍变。其未噬者，虽亦知虎之可畏，闻之则神色自若也。又人人皆知脍炙为美味，然贵人闻其名而有好之之色，野人则否。学者真知亦然。若张合于道，虽行之必不能持久。人性本善，以循理而行为顺，故烛理明，则自乐行。”案：此即知行合一之说所始。而紊者也，徒宋钘所谓“语心之容，命之曰心之行”者也。案：以色变为行，是即以心之容为心之行也。此只直觉之知，本能之行耳。自此以上，则非可以征色发声，遽谓之行也。然程说知行，犹有先后。希腊琐格拉底倡知德合一说，亦谓了解善为何物，自不得不行之。并有先后可序。王氏则竟以知行为一物矣。卒之二者各有兆域，但云不知者必不能行，可也；云知行合流同起，不可也。虽直觉之知，本能之行，亦必知在行先，徒以事至密切，忘其距离，犹叩钟而声发，几若声与叩同起。然烛而暗除，不见暗为烛所消。其实声浪、光浪，亦非不行而至，其间固尚有忽微也。要之程说已滞于一隅，王氏衍之，其缪滋甚。

其于旧书雅记邪，即言“尧舜如黄金万镒，孔子如黄金九千镒”，则变形于孔融者。融为《圣人优劣论》曰：“金之优者，名曰紫磨，犹人之有圣也。”《御览》八百十一引。即言人心亡时而不求乐，虽丧亲者，蓄悲则不快，哭泣擗踊，所以发舒其哀，且自宁也，则变形于阮籍者。籍为《乐论》曰：“汉顺帝上恭陵，过樊濯，闻鸟鸣而悲，泣下横流，曰：‘善哉鸟鸣！使左右吟声若是，岂不佳乎？’此谓以悲为乐也。”《御览》三百九十二引。

夫其缀辑故言如此其众，而世人多震慑之，以为自得。诚自得邪？冥心孑思以成于眇合者，其条支必贯，其觬理必可以比伍。今读其书，顾若是无组织经纬邪？守仁疾首以攻朱学。且朱学者，恒言谓之支离矣。泛滥记志而支离，亦职也。今立义至单，其支离犹自若。

悲夫！一二三四之数绝，而中夏之科学衰。故持一说者，傀卓于当年，其弟子无由缘循干条以胜其师，即稍久而浸朽败。自古皇汉先民以然，非独守仁一人也。丘震曰王氏自得之义，独“致良知”说。此固不可推究以极其辞，何者？良知不可言“致”，受“致”则非良知，当言“致可能性”尔。王氏胶于《大学》致知之文，以是傅会，说既违于论理，推究之则愈难通。宜其弟子无由恢扩也。

抑吾闻之，守仁以良知自贵，不务诵习，乃者观其因袭孔、阮，其文籍已秘逸矣。将钩沉捃啧以得若说，而自讳其读书邪？夫不读书以为学，学不可久，为是阴务诵习，而阳匿藏之。自尔渐染其学者，若黄宗羲、李绂，皆博览侈观，旁及短书。然宗羲尚往往以良知自文。章言不饰，李绂始为之。

选自《訄书》重订本

议王

章太炎

所贵于截削省要者，非谓其能从政也，谓敢直其身、敢行其意也。所恶于狂者，非谓其异圣王、多琦行也，谓外跅弛而内回邪。

近观王文成之化人，盖近黄石公矣。夫情性之极，计会之微，虽空虚若不可以卷握，其思理纷纭，人鬊鱼网犹将不足方物。故墨子之《经说》，荀卿之《正名》《解蔽》，其介画察察也。夫易言性道者，言无分域，抱蜀一趣，而自以为径者。是则非学也，故心术之精者耳。然世人多其成功，以为度越先儒远甚。案其运筹制胜，霡清区夏，未若刘基也；转危为安，未若虞允文也；威慑强寇，未若种师道也。师道少游张载之门。唯允文尚亦旁皇程氏。基所闻学，则朱、吕之末师。此三子者，乘时立功，或桡之以致败，而敌多大于小侯俚酋。文成拟之，则劣矣！明世文吏能克敌者，韩雍盖与文成等夷，以无学术，世人未尝齿数。相提而论，宁有短长焉？且以文成之学任兵者，万历以降，心学旁魄满朔南矣，而力不能支清虏。此为先师所以制胜者，职其少习兵事，才气过人，其为术财得半耳。后学才气服习弗如，唐慕其术，夫何幸胜之有?

今世谈者，颇以东国师任王学，国以富强。此复不论其世。东国者，初脱封建，人习武事，又地狭而性抟固。治王学，固胜纵治朱、吕之言，犹自倞也。夫其民志强忍，足以持久，故藉王学足以粉墨之。中国民散性媮久矣，虽为王学，仅得如明末枝柱一时，其道固不可久。且夫本王学以任事者，不牵文法，动而有功，素非可以长世也。观自文成以后，徐阶复习其术，以仆严嵩；辅主数年，而政理昏惰，子姓恣轶，又未能去嵩绝远。此则其术足以猝起制人，不足以定天保、仆大命，明矣!

章炳麟曰：世之苦朱、吕者，或贵陈、叶，或贵王、徐。将比而同之，诚未可也。陈、叶者，规摹壶广，诚令得志，缓以十年，劳来亭毒，其民知方，可任也，而苦不能应变。王、徐者，其道阴骘，善司短长，乍有祸乱，举之以决旦莫之胜，可任也，而苦不能布政。往世萧何之与张、韩，其殊能可睹矣。人虽强敏，二者固弗能以兼蓄。然效陈、叶者，阔远而久成；从王、徐者，险健而速决。晚世人人各自以为骜桀，其诚慕王、徐，而虚言思齐陈、叶，固其所也。然其飞钻制伏之术，便习之，则可以为大侒。校其利害之数，而陈、叶寡过矣。故曰：所贵于截削省要者，非谓其从政也。以为用志不纷，则敢于直道。古之所谓成人者，见利思义，见危授命，久要不忘平生之言，其本要将在斯也。

夫材理之辨，诚未可乱也。刚略之人，不能理微，故其论大体则弘博而高远，历纤理则宕往而疏越，好奇之人，横逸而求异，故其造权谲则倜傥而瑰壮，案清道则诡常而恢迂。举《人物志·材理篇》语。此皆王学所偏短长也。不尚其敢，而多其能从政，壹意进取，迫而徼幸。其不为外跅弛、内回邪者，几何?

学有玄远而无阡陌者，可易也。有似剀切而不得分齐者，可易也。王文成之学，所失在乙，不在甲矣。而世更以虚玄病之，顾宁人、王而农攻之为甚。

宁人学术近陈、吕、魏、王，其异涂无足怪者。而农乃本张子厚者也。子厚盖云:“洪钟无声，因扣乃有声；圣人无知，因问乃有知。非谓其如木石也，有不知，故有知；无不知，故无知。故曰：圣人无知，因问乃有知也。”此其义近实相矣，虽玄远不为诞矣！有不知，故有知；无不知，故无知；即释氏起见则有不见，不见故能遍照之说，辞有反复耳。圣人无知，因问乃有知，即释氏有依他性、无自依性之说，说皆高远，而亦实相之言。而无阡陌可以从入。孰与文成所谓“致良知”者，不下带而道存乎？子厚以理、气分性。其说则枝，而理不可刻识，顾反近虚言也。孰与文成以“无善无恶”称性体者，为知臧识无覆无记，故本无善恶乎？故曰，以文成为虚玄者，非也。

其言“知行合一”者，知有节序、行有衰次，特未有定也。定别之，则不可以齐概。且夫行者，不专斥其在形骸，心所游履与其所见采者，皆行也。心之精爽乍动，曰作意。未有不作意而能行者，作意则行之耑矣。是故本其初位，行先于知也。心所取象为之意言，然后有思。思者，造作也。取象为知，造作为行。是故据其末位，知先于行也。怒斯作气，慚斯赪颜，哀斯陨涕，惧斯振栗，喜斯嫖繇，是故别其情态，知行同时也。昔者宋趼语心之容，命之曰心之行。《庄子·天下篇》引。容者，思也，《说文》：思，容也。或曰欲也。《乐记》："感于物而动，性之欲也"。《史记·乐书》引之，作"性之颂也"。颂、容，古今字，皆与欲双声对转相通。感物而动，记未言其衰次，所包甚广。作意者，感物而动也；受之顺违，亦感物而动也；思虑造作，亦感物而动也。受之顺违，即所谓欲。其言行者，得包思虑、情态二端。文成虽知其然，顾未知行之衰次也。夫寂然至定者，心所游履，与其自证同时。梦中独头意识亦然。此非明了之境，故不论。感而有情者，心所见采，与其顺违同时。舍是二者，知行固不能无先后。文成所论，则其一隅耳。然惟文成立义之情，徒恶辩察而无实知，以知行为合一者，导人以证知也。斯乃过于剀切，夫何玄远矣哉？

尝试论之，古者王官散而为九流，晚世诸子本材性以效王官、前民用。程伯子，南面之任也；朱元晦，侍从乡僎之器也；王文成，匹士游侠之材也。天选其形材以赴用，所思终不能出其位，而喙鸣应之。夫《定性书》者，顺众而无诚；"格物"论者，博观而无统。上者为天王辟公，下者为儒生礼官，道固当然也。夫群众所公是者，己未必厌也。精神之动，心术之流，有时犯众人所公惎。诚志悃款，欲制而不已者，虽骞于大古，违于礼俗，诛绝于《春秋》者，行之无悔焉！然后义不外袭，而为至德之隆。诸足以县群众者，皆外德也。案：彭蒙、田骈、慎到之说，以为选则不遍，教则不至，道则无遗者矣。是故慎到弃知去己，而缘不得已，椎拍輐断，与物宛转。庄生推之，以为无知之物，无建己之患，无用己之累，动静不离于理，是以终身无誉。此与老聃所谓"圣人无常心，以百姓心为心"，大上下知有之者，岂有异乎？而庄生以为"不知道"。盖三子所学，皆南面之术，不用己则无内心。所谓精神之运，心术之流者，安在乎？适为道之一隅。故曰“不知道”也。程伯子《定性书》，亦与此类。必与王学分职并行，乃为齐物，乃见道之全矣。近世多谓文成所学，近程伯子。此徒据《识仁篇》所谓不待检防穷索者，则文成有似之耳。若夫外绝牵制，内断疑悔，此文成之所独，而伯子所无也。又其性情言议，多不相似。性似伯子者，莫如陈公甫；论似伯子者，莫如湛玄明。玄明所主，在随处体验天理。文成以为求之于外。玄明言：阳明以方寸为心，吾所谓心者，体万物而不遗，故以吾为求外耳。观此则知湛、王之异，即程、王之异也。心体万物而不遗，故以吾为求外耳。观此则知湛、王之异，即程、王之异也。心体万物而不遗，所见远出文成之上；至其为道，则亦南面之术耳。至德者，惟匹士可以行之。持是以长国家，适乱其步伍矣。故曰：文成之术，非贵其能从政也，贵夫敢直其身、敢行其意也。

选自《检论》卷四

《王文成公全书》题辞及后序

章太炎

题辞

至人无常教，故孔子为大方之家。心斋克己，诲颜氏也，则能使坐忘不改其乐。次如冉闵，视颜氏稍逡巡矣。及夫由、赐、商、偃，才虽不逮，亦以其所闻自厉，内可以修身，外则足以经国。故所教不同，而各以其才有所至，如河海之水然，随所挹饮，皆以满其腹也。宋世道学诸子，刻意欲上希孔、颜，弗能至。及明姚江王文成出，以豪杰抗志为学。初在京师，尝与湛原明游，以得江门陈文恭之绪言。文恭犹以心理为二，欲其泯合，而文成言心即理，由是徽国格物之论瓦解无余，举世震而愕之。

余观其学，欲人勇改过而促为善，犹自孔门大儒出也。昔者子路，人告之以有过则喜，闻斯行之，终身无宿诺，其奋厉兼人如此。文成以内过非人所证，故付之于良知，以发于事业者或为时位阻，故言行之明觉精察处即知，知之真切笃实处即行，于是有知行合一之说。此乃以子路之术转进者，要其恶文过，戒转念，则二家如合符。是故行己则无忮求，用世则使民有勇，可以行三军。盖自子路奋乎百世之上，体兼儒侠，为曾参所畏。自颜闵二冉以外，未有过子路者。晚世顾以喭蔑之，至文成然后能兴其学，其托与陆子静同流者，直以避末俗之讥耳。其后学者尊之，以为优入圣域。或言自其说出，儒释疆界，邈若山河，金镜坠而复悬。

余论文成之徒，以罗达夫、王子植、万思默、邹汝海为过其师，达夫言当极静时，觉此心中虚无物，旁通无穷，如长空云气，流行无所止极，如大海鱼龙，变化无有间隔，无内外可指，无动静可分，所谓无在而无不在，吾之一身乃其发窍，固非形质所能限也。子植言澄然无念，是谓一念。非无念也，乃念之至微至微者。此所谓生生之真机，所谓动之微吉之先见者也。二公所见，则释氏所谓藏识恒转如暴流者。宋明诸儒，独二公洞然烛察焉，然不知藏识当舍，而反以为当知我在，以为生生非幻妄。思默言易之坤者意也，乾贵无首，而坤恶坚冰，资生之后，不能顺乾为用，而以坤之意凝之，是为坚冰，是为有首，所谓先迷失道者也。此更知藏识非我，由意根执之以为我。然又言夭寿不贰，修身以俟，命自我立，自为主宰，是固未能断意根者，所谓儒释疆界邈若山河者，亦唯此三家为较然，顾适以见儒之不如释尔。孔子绝四，无意、无必、无固、无我，教颜渊克己，称生生之谓易，而又言易无体，曷尝以我为当在，生为真体耶？自宋儒已旁皇于是，文成之徒三高材，欲从之末由，以是言优入圣域，岂容易哉？岂容易哉？唯汝海谓天理不容思想，颜渊称如有所立卓尔，言如有，非真有一物在前，本无方体，何可以方体求得？今不读书人止有欲障，而读书更增理障，一心念天理，便受缠缚。尔只静坐放下念头，如青天然，无点云作障，方有会悟。又言仁者人也，识仁者识吾本有之仁，不假想象而自见，毋求其有相，唯求其无相，此与孔子无知，文王望道而未之见，老子上德不德是以有德，下德不失德是以无德，及释氏所谓智无所得为住唯识者，义皆相应。然汝海本由自悟，不尽依文成师法，今谓文成优入圣域，则亦过矣。

降及清世，诋文成之学者，谓之昌狂妄行，不悟文成远于孔颜，其去子路无几也。小人有勇而无义为盗，自文成三传至何心隐，以劫质略财自枭，藉令子路生于后代，为之师长，焉知其末流之不为盗也？风之力不与雕鹗殊，以不击杀谓之德，不幸而失德，则变与雕鹗等，要之不肯为鸡鹜审矣。且夫儒行十五家者，皆倜傥有志之士也。孔子之道至大，其对哀公，则独取十五儒为主。汉世奇材卓行若卢子干、王彦方、管幼安者，未尝谈道，而岸然与十五儒方，盖子路之风犹有存者。宋以降，儒者或不屑是，道学虽修，降臣贱士亦相属，此与为盗者奚若？不有文成起而振之，儒者之不与倡优为伍亦幸矣。当今之士，所谓捐廉耻负然诺以求苟得者也。辨儒释之同异，与夫优入圣域以否，于今为不亟，亟者乃使人远于禽兽，必求孔颜以为之师，固不得，或欲拯以佛法，则又多义解，少行证，与清谈无异。且佛法不与儒附，以为百姓居士于野则安，以从政处都市涉患难则志节堕，彼王维之不自振，而杨亿、赵抃之能确然，弃儒法与循儒法异也，徒佛也。曷足以起废哉？径行而易入，使人勇改过促为善者，则远莫如子路，近莫如文成之言，非以其术为上方孔颜，下拟程伯淳、杨敬仲，又非谓儒术之局于是也，起贱儒为志士，屏唇舌之论以归躬行，斯于今日为当务矣。

虽然，宋儒程、杨诸师，其言行或超过文成，末流卒无以昌狂败者，则宋儒视礼教重，而明儒视礼教轻，是文成之阙也。文成诸弟子，以江西为得其宗，泰州末流亦极昌狂，以犯有司之禁令耳。然大礼议起，文成未殁也，门下唯邹谦之以抵论下诏狱谪官，而下材如席书、方献夫、霍韬、黄绾争以其术为佞，其是非勿论，要之谗谄面谀，导其君以专，快意刑诛，肆为契薄。且制礼之化，流为斋醮，糜财于营造，决策于鬼神，而国威愈挫。明之亡，世宗兆之，而议礼诸臣导之，则比于昌狂者愈下，学术虽美，不能无为佞臣资，此亦文成之蔽也。文成《传习录》称仲尼之门无道桓文事者，世儒只讲伯学，求知阴谋，与圣人作经意相反。今勿论文成行事视伯者何若，其遗冀元亨为间谍，以知宸濠反状，安在其不尚阴谋也？及平田州，土酋欲诣军门降，窃议曰：王公素多诈，恐绐我。正使子路要之，将无盟而自至，何窃议之有？以知子路可以责人阴谋，文成犹不任是也。夫善学者，当取其至醇，弃其小漓，必若黄太冲之持门户，与东人之不稽史事者，唯欲为一先生卫，惧后人之苛责于文成者，甚乎畴昔之苛责于宋贤矣。

中华民国十三年孟秋。余杭章炳麟。

后序

后序曰：文成之复古本《大学》，湛原明以为不亟，久渐与之会。由今观之，非复章句文义之间也。昔徽公以亲民为新民，以格物为穷至事物之理，前则为专己，后则为外骛，诚行其术，则国政败，士行斁。顾徽公训说则然。自为学，乃自禅入，未尝蓏万物。其在官，亦不欲改易百姓视听。其后为朱学者，亦未切切于是也。必比以洪水猛兽，斯为酷矣。

然自李光地以伪儒张朱学，辅其伪主。以天文历数相尚，曼衍以至今，学者浸重物理，而置身心不问。且有正心修身而不察乎物之理者，则谓之迷罔之人，谓之天之戮民，由是本末倒挈，以身为形役，率人类以与鳞介之族比，是则徽公穷至物理之说导其端也。

本记称“财聚则民散，财散则民聚，君子贤其贤而亲其亲，小人乐其乐而利其利”，斯所谓亲民。晚世纵弗能至，然犹顺人情因旧常以为政，盖未有云新民者。《康诰》称新民以其渐去商纣之化，《大雅》称新命，以周始有王迹，本记引之以证君子日新其德，固不与所引者同旨。

自清之末，诸无藉者始言新法，未几，有云新道德新文化者，专己自是，以拂民之旧贯，新法行二十余年，如削趾适屦，民不称便，而政亦日紊。新道德新文化者，有使人淫纵败常而已矣，是则徽公新民之说导其端也。原其始，不过失于文义，而妄者借以为柄，祸遂至此，则诚所谓洪水猛兽者，文成力为之闲，不验于明，而验于今之世，诵其书者宜可以戒矣。

中华民国十三年孟秋。余杭章炳麟。

1924年《华国月刊》第2卷第1期

阳明学为今时救国之本论

唐文治

余未弱冠时治性理学，先读陆清献《三鱼堂集》，继读陈清澜《学部通辨》、张武承《王学质疑》、陈定斋《明辨录》、罗忠节《王学辨》、吴竹如《拙修集》诸书，于凡论心论性，专以辟王学为务。后读曾惠敏日记，谓程朱之徒处事过于迂谨，陆王之徒颇能通敏于事。余时阅世未深，未之省也。迨中年两游东瀛，究其立国之本，则自崇奉王学始。游其书肆，览其书目，为王学者不下数百家。其数远过于吾国，为之惊叹不置。夫觇国者非徒审国势、采国风、问国制也，必研究其国性。考王学之入日本，传自朱氏舜水。朱虽籍隶姚江，实未尝专习王学。而东邻得阳明之学说，推衍张皇，以激励其国性，遂成霸业焉。扬子有言："彼我易处，未知何如。"余于是反观默察，以彼邦之国性，与吾国之国性相较，乃知盛衰与废之由，固大有在。而致良知之学，决然可以救国；知行合一之说，断然可以强国也。曩编《阳明学术发微》，既详其绪，兹复论其大纲，冀我国人猛省焉。

曷谓致良知之学可以救国也？吾国民所以汩灭其良知者有三端：一曰贪鄙心，二曰昏昧心，三曰间隔心。因贪鄙昏昧，因昏昧而间隔。有己无人，而国性乃日益戾。阳明之教，首以拔本塞源祛人之贪鄙。其言曰：

> 天理之在人心，终不可泯，而良知之明，万古一日。闻吾拔本塞源之论，性有恻然而悲、戚然而痛、愤然而起、沛然若决江河而有所不可御者。（见《阳明学术发微·卷二》）

更复激厉气节，唤醒人心。其言曰：

> 君子以忠信为利，礼义为福。苟忠信礼义之不存，虽禄之万钟，爵以侯王之贵，君子犹谓之祸与害。如其忠信礼义之所在，虽剖心碎首，君子利而行之，自以为福也。（见《阳明学术发微·卷一》）

如是人欲渐净尽，不为风气所扰，乃致吾心之良知于事事物物，由浅入深，如镜之明，如渊之渟而岳之峙。昏昧日消，间隔乃日去，于是人己一贯而天下定。且夫良知者，放之则弥六合，卷之则退藏于密，自其内心而言之，则有事物已往之良知，有临事警觉之良知，有事物未来之良知。见其过而内自讼，有不善未尝不知，则已往之良知，不远复而无祇悔矣；不逆诈，不亿不信，抑亦先觉，则静虚动直，临时之知觉灵明矣；事前定则不困，道前定则不穷，先明乎善，则事物未来之良知烛照而无遗矣。而贯彻之者尤在好恶之大公。《乐记》曰："物知知之，然后好恶形焉。"此即《大学》致知之功。故曰："好而知其恶，恶而知其美。"又曰："好人之所恶，恶人所好，是谓拂人之性。"即良知也。良知顺人之性，则无作好作恶之私，扩然而大公，物来而顺应矣。此良知之属于内心者也。其属于外心者，良知发于家庭则为爱敬；达之天下，即为仁爱。孟子曰："人皆有所不忍，达之于其所忍。"又曰："凡有四端于我者，知皆扩而充之矣。"阳明所谓致，即孟子所谓达、所谓充也。《孝经》曰："孝弟之至，通于神明，光于四海，无所不通。"阳明所谓致，即《孝经》所谓通也。"喜怒哀乐之未发谓之中，发而皆中节谓之和。"阳明所谓致良知，即《中庸》所谓致中和也。先知觉后知，先觉觉后觉，知觉周浃宇宙，和气充盈，安有所谓贪鄙昏昧而间隔哉？如是乃可以善我国，乃可以善我国性，是谓大同。

曷谓知行合一之说可以强国也？吾国民习性又有二端：一曰怠惰性，二曰因循迟缓性。每办一事，今日调查，明日调查，今日预备，明日预备。凡事濡滞不决，隳坏于无形之中，沾沾自是曰："吾以审慎也。"不知事机一失，早已审之无可审、慎之无可慎矣。阳明之教曰：

知之真切笃实处即是行，行之明觉精察处即是知，知行工夫本不可离。真知即所以为行，不行不足谓之知。(《答顾东桥书》)

又曰：

人有欲行之心，然后知路。欲行之心，即意，意即行之始。路歧之险易，必待身亲履历后知。岂有不待亲历，而已先知路歧之险易耶？(《答顾东桥书》)

按孔子言知仁勇三者，则知所以修身，则知所以治人，则知所以治天下国家。阳明之教，实本圣门，合自诚明、自明诚而一以贯之。坐而言者，立即起而行，办事如疾风之扫箨，如雷出地奋而不动。举国民之怠惰性、因循迟缓性一扫而空之矣。抑更有进者，知行合一，则言行无不合一。《礼记》曰："天下无道则言有枝叶，天下有道则行有枝叶。"邵子《皇极经世书》曰："天下将治，则尚行也。天下将乱，则尚书言也。"吾国议论之人多，力行之士绝少。言不顾行，行不顾言，文告之繁，累寸盈尺，无一语能见诸实行。又如为孝弟之言，其言俨然孝弟也，于所行适与孝弟相反；讲廉耻之言，其言俨然廉耻也，而所行适与廉耻相远。色厉内荏，口是心非，遂至相尚以欺，相率以诈，上下蒙蔽，百姓怨咨，岂不痛哉！

或曰："谨慎小心，古人所贵。如阳明所言，行之太速，不几鲁莽而偾事乎？"曰：不然。夫所谓谨慎小心者，谓行之之时也，非谓迂缓而不行也。以余平日之经历验之，凡勇者任事，其能成者十之六七；其偾事能十之三四，然尚可补救也；若游移不定，则无一事能办。《周易》所戒"盱豫悔，迟有悔"是也。孔子曰："先行其言，而后从之。""子路有闻，未之能行，惟恐有闻。"即知行合一之道也。凡人之心畏缩不前，皆当闻斯行之。此圣门之家法，吾特大声疾呼正告国民曰：知而不行，即非真知；言而不行，不必空言。物耻何以振？国耻何以兴？常学阳明之知行合一。

或曰："如上所言，则陆清献诸先儒之说皆非欤？"曰：是又不然。陈氏清澜之书，或谓其挤排王氏有为而作，可置不论。至于清献诸儒之辨，皆出于不得已也。明隆、万后，无善无恶、三教合一之说，猖狂无忌，私心自用，束经不读，不有以辟之，流弊伊于何底？此末流之过，非王氏之教本然也（说别见于《论王钱学派》）。夫教也者，民之寒暑也，教不时则伤世；事也者，民之风雨也，事不节则无功。君子立教，譬诸寒暑风雨，各以其时；又譬诸医家用药，审其寒燠虚实而调济之。偶一不慎，施教失其时，行政惟影响，误哉惧哉!

吾国比年来醉心欧化，科学滂兴，学术一归于实矣。夫实者宜济以虚，而用必端其体。致良知与知行合一之学说，所以运实于虚，而明体达用之大本也。狂热疾不服清凉散不瘳，惟无妄之药贵以诚，不以伪尔。嗟我国民，时哉不可失矣！昔孔子晚年好《易》，提其要于《系辞传》曰："乾以易知，坤以简能。"易知者，良知也；易能者，良能也。易简而天下之理得，知行合一之道也。孟子告滕文公曰："君如彼何哉？强为善而已矣。"欲陶淑吾民之国性，急救吾国之亡，惟有取阳明之学说，上溯群经，心体而躬行之，毋诈毋虞，犹可以为善国。

1936年1月《国专月刊》第2卷第5期

王阳明的道学革新运动

稽文甫

王阳明是中国近古思想史上一位极有光辉的大人物。由他所领导起来的一种学术运动，是一种道学革新运动，也就是一种反朱学运动。当朱子在世的时候，正是道学的全盛时代。他以伊川为宗，上探明道、横渠、濂溪、康节诸家以穷其源，出入程门诸子如游、杨、谢、吕、尹、胡之属以尽其流。其于同时各派，则左排陆学，右排浙学，毅然以道学正统自任。广收门徒，遍注群经。道学到他手里，可算是纲举目张，灿然大备。先儒说朱子集道学之大成，诚可以当之而无愧了。然而朱子讲学有时候嫌太繁琐，“字字而比，节节而较”，把许多道理支分节解，往往弄得不成话说。就如他讲“四端”：既把“仁义礼智”四字并提以配“春夏秋冬”，复并提“仁义”二字以配“阴阳”，并提“仁智”二字以明“终始”，更单提“仁”字以贯“四端”，又有什么“四端相连而至”“四端迭为宾主”种种说法。这样一分，那样一合，看他配置得多么巧妙吧！然而这不是讲心性，这只是变戏法，只是文字的游戏。又如他讲《太极图》说道：“盖中也，仁也，感也，所谓阳动也，太极之用所以行也；正也，义也，所谓阴静也，太极之体所以立也。”从仁义寂感上分阴阳，分体用，甚至“中正”二字上也能分出阴阳体用来。这些地方，也多亏他会细细咀嚼，这简直是做起八股来了！象山在当时就挖苦他道：

揣量模写之工，依仿假借之似，其条画足以自信，其习熟足以自安。（《与朱元晦书》）

又象山《语录》载：

有立议论者，先生云：“此是虚说。”或云：“此是时文之见。”学者遂云：“孟子辟杨、墨，韩子辟佛、老，陆先生辟时文。”先生云：“此说也好。然辟杨墨佛老者，犹有些气道，吾却只辟得时文。”因一笑。

朱子依照着圣人样子，描摹刻画，制造出多少道理格式。四平八稳，面面俱到。但从象山看来，那只是一种“议论”，一种“时文”，这种时文化的道学后来竟成为道学的正统。从南宋末年，到明朝中叶，完全是一个朱学独占的局面。所谓一代大儒，如许鲁斋、薛敬轩辈，都不过陈陈相因，谨守朱子门户。道学至此，几乎纯成一种烂熟的格套了。于是乎首先出来个陈白沙，既而又出来个王阳明，都举起道学革命的旗帜，一扫二百余年蹈常袭故的积习，而另换一种清新自然的空气；打倒时文化八股化的道学，而另倡一种鞭辟近里的新道学。阳明赠白沙大弟子湛甘泉有一段话：

……自是而后，言益详，道益晦；析理益精，学益支离；无本而事于外者益繁以难。盖孟氏患杨、墨，周、程之际，释、老大行。今世学者，皆知宗孔、孟，贱杨、墨，摈释、老，圣人之道若大明于世。然吾从而求之，圣人不得而见之矣，其若墨氏之兼爱者乎？其能有若杨氏之为我者乎？其能有若老氏之清静自守，释氏之究心性命者乎？吾何以杨、墨、老、释之思哉？彼于圣人之道异，然犹有自得也。而世之学者，章绘句琢以夸俗，诡心色取，相饰以伪；谓圣人之道劳苦无功，非复人之所可为，而徒取辩于言词之间。古之人有终身不能究者，今吾皆能言其略，自以为若是亦足矣。而圣人之学遂废。则今之所大患者，岂非记诵词章之习；而弊之所从来，无亦言之太详析之太精者之过欤？（《别湛甘泉序》）

这段话很能揭出陈、王两家道学革新运动的共同宗旨。他们所反对的是“记诵词章之习”，换句话说，就是八股化的道学。这种八股化的道学，看着最平正，最周到，最近圣人，然而实际上直类乎“非之无举，刺之无刺”的乡愿，依门傍户，俯仰随人，比着杨、墨、佛、老之各有其自得者，尚相去绝远。“言益详，道益晦；析理益精，学益支离”，这是暗斥朱子，而认为八股道学所自出。平心论之，朱子自是中国近古思想史上头等的伟大人物，但他那种烦琐支离的学风，实开后来道学八股化之渐，这也是无可讳言的。二百多年的因袭墨守，朱学的流弊已十分显著。以这因缘，白沙、阳明辈的道学革新运动应时而起了。

这次革新运动，发端于白沙，而大成于阳明。我们分析阳明的学说，处处是打破道学的陈旧格套，处处表现出一种活动自由的精神，对于当时思想界，实尽了很大的解放作用。首先看他讲“致良知”。提起这三个字，常使人觉得一片空灵，不可捉摸。不错，阳明有时候把良知讲得的确太玄妙。如什么“天植灵根”“造化的精灵”，真算是玄之又玄。不过这里要分别看。假使这种学说就单是一个玄妙，再无其他东西，它还怎能会震动一世之心，在思想史上占那样重要地位？我们须要知道，这种学说虽然是很玄妙，但玄妙之中，却潜藏着一种时代精神，自有其不玄妙者在。阳明临死的前一月，写信给聂双江，其中有一段话：

盖良知只是一个天理自然明觉发见处，只是一个真诚恻怛，便是他本体。故致此良知之真诚恻怛以事亲便是孝，致此良知之真诚恻怛以从兄便是弟，致此良知之真诚恻怛以事君便是忠。只是一个良知，一个真诚恻怛……（《全书》卷二）

这样讲致良知，何等的亲切简易。这还能算玄妙吗？他不管什么圣贤榜样，道理格式，而只教人照着自己当下那一点真诚恻怛实做将去。现现成成，甲不问乙借，乙不向甲赐。他以为虽古圣人也不过如此。《传习录》载：

问良知一而已，文王作彖，周公系爻，孔子赞易，何以各自看理不同？先生曰：圣人何能拘得死格！大要出于良知同，便各为说何害？且如一园竹，只要同此枝节，便是大同。若拘定枝枝节节，都要高下大小一样，便非造化妙手矣。汝辈只要去培养那良知。良知同，更不

妨有异处。汝辈若不肯用功，连笋也不曾抽得，何处去论枝节！（《全书》卷三）

各凭自己良知，同便听其同，异便听其异。道理没有死格，须从本源上流出，须是内发的。“君子一仁而已矣，何必同？”这已经是很自由很活动了。他更说道：

我辈致知，只是各随分限所及。今日良知见在如此，只随今日所知扩充到底；明日良知又有开悟，便从明日所知扩充到底。如此方是精一功夫。与人论学，亦须随人分限所及。如树有这些萌芽，只把这些水去灌溉；萌芽再长，便又加水。自拱把以至合抱，灌溉之功，皆是随其分限所及。若些小萌芽，有一桶水在，尽要倾上，便浸坏他了。（《全书》卷三）

各人良知有一定的分限，并且今天有今天的良知，明天有明天的良知。只要从良知上出发，非特我和你不必相同，就是今日的我和昨日的我也不必相同，这里全没有定格。我们只须就当下分限所及，切实做去，使良知得遂其有机的发展，自然日有进境。无论自修或教人，都只宜这样办法。试看《传习录》上这两段：

门人有言邵端峰论童子不能格物，只教以洒扫应对之说。先生曰：洒扫应对就是一件物。童子良知只到此，便教去洒扫应对，就是致他这一点良知了。又如童子知畏先生长者，此亦是他良知处。故虽嬉戏中，见了先生长者，便去作揖恭敬，是他能格物以致敬师长之良

知了。童子自有童子的格物致知。(《全书》卷三)

问孔子谓武王未尽善，恐亦有不满意。先生曰：在武王自合如此。(《全书》卷一)

大人有大人的良知，童子有童子的良知，文王有文王的良知，武王有武王的良知。“武王自合如此做”，也就不必管什么尽善不尽善。童子自去致他那一点洒扫应对的良知，也无须去强学大人。各适其适，各得其得。彼非有余，此非不足。这样自由自在，把道理完全看活了。他还有这一段话：

诸君功夫最不可助长。上智绝少，学者无超入圣人之理。一起一伏，一进一退，自是功夫节次。不可以我前日用得功夫了，今却不济，便要矫强，做出一个没破绽的模样。这便是助长，连前些子功夫都坏了。此非小过。譬如行路的人，遭一蹶跌，起来便走，不要欺人，做那不曾跌倒的样子出来。诸君要常常怀个遁世无闷，不见知而无闷之心，依此良知，忍耐做去。不管人非笑，不管人毁谤，不管人荣辱。任他功夫有进有退，我只是这致良知的主宰不息，久久自然有得力处。(《全书》卷三)

跌了就起，起来便走，不管他进也罢，退也罢，誉也罢，毁也罢，我只是老老实实，埋头自致其良知。除下良知，什么都看不见了。独往独来，又奋迅，又坚决，把所有世习客套一扫而空。在这样意味下讲致良知，不是也很切实很平易吗？自然，这里面也有他玄妙神秘的地方。良知究竟是个什么玩意儿？它会变化，会发展，今天是这样，明天是那样，你的是那样，我的是这样。倘若不是另有某种客观条件来决定它，那只好说它是“天植灵根”“造化的精灵”了，然而不管他“灵根”也好，“精灵”也好，事实上，他打破了道学的陈旧格套，充满着自由解放的精神，不靠圣人而靠自己的良知，在这一点上，他要比朱学更带些近代的色彩。

我们再看他讲“知行合一”。“知行合一”的理论，正是针对朱学而发。朱子把知行看作两件事，并且主张先知后行。阳明却不然。照他的意思，说个知已经有行在，说个行已经有知在。知行是一个整体的两面，是不可分离的。他最精要的解释是：

知之真切笃实处即是行，行之明觉精察处即是知。(《答顾东桥书》)

阳明讲知行是从本体上讲的，也就是从良知上讲的。从良知上发出的“知”，自然是“真切笃实”，带情味的知，而不是揣摸影响的“知”；从良知上发出的“行”，自然是“明觉精察”，自觉的行，而不是懵懂乱撞的“行”。只用一个“致良知”，也就即“知”即“行”了。但这种说法颇不易了解，又未免带点谈玄意味。究其真精神之所在，只是不离“行”以求“知”而已。试看他说：

夫人必有欲食之心然后知食，欲食之心即是意，即是行之始矣。食味之美恶，必待入口而后知。岂有不待入口而已先知食味之美恶者耶？必有欲行之心然后知路，欲行之心即是意，即是行之始矣。路歧之险夷，必待身亲履历而后知。岂有不待身亲履历而已先知路歧之

险夷者耶？（《答顾东桥书》）

这段话分析极精，以一念动处为行之始，“行”一步，“知”一步，“知”常与“行”相伴而不能分离。阳明虽讲“知行合一”，但因其针对着从“知”入手的朱学而发，所以事实上特重在“行”字。始于“行”，终于“行”。而“知”只是“行”的一种过程，他在《答顾东桥书》中，还有一段很痛快的话：

夫问思辨行皆所以为学，未有学而不行者也。如言学孝，则必服劳奉养，躬行孝道，然后谓之学。岂徒悬空口耳讲说而遂可以谓之学孝乎？学射则必张弓挟矢，引满中的；学书则必伸纸执笔，操觚染翰。尽天下之学，无有不行而可以言学者，则学之始固已即是行矣。笃者，敦实笃厚之意。已行矣，而敦笃其行，不息其功之谓尔。盖学之不能以无疑则有问，问即学也，即行也；又不能无疑则有思，思即学也，即行也；又不能无疑则有辨，辨即学也，即行也。辨既明矣，思既慎矣，问既审矣，学既能矣，又从而不息其功焉，斯之谓笃行，非谓学、问、思、辨之后而始措之于行也。是故以求能其事而言谓之学，以求解其惑而言谓之问，以求通其说而言谓之思，以求精其察而言谓之辨，以求履其实而言谓之行。盖析其功而言则有五，合其事而言则一而已。

朱子以学、问、思、辨属“知”，以笃行属“行”，阳明却始终贯以一“行”，学之始已即是“行”，到最后仍是“笃行之”。问、思、辨都是“行”到滞碍地方，一种解决疑难的手段，并不是离

"行"而独立的。离开"行"而茫茫荡荡去求"知"，阳明最反对。他决不泛然问，泛然思，泛然辨，而一以当下现行为指归。普通以为阳明单提个"致良知"，好像把什么读书、稽古、求师、访友一切都抛弃了，总疑其太简。其实何尝如此。阳明只是不泛泛去求"知"，至于当下切身所应当"知"的，他还要尽量的"知"，彻底的"知"，一件也不遗弃。他说：

> 天下事物，如名物、度数、草木、鸟兽之类，不胜其烦。圣人虽是本体明了，亦何缘能尽知得？但不必知的，圣人自不消求知；其所当知的，圣人自能问人。如子入太庙每事问之类。先儒谓虽知亦问，敬谨之至，此说不可通。圣人于礼乐名物，不必尽知。然他知得一个天理，便自有许多节文度数出来。不知能问。亦即是天理节文所在。（《全书》卷三）

孟子说："尧舜之智，而不编物，急先务也。"这个意思，象山发挥得已经是极其警切，到阳明讲得更透彻了。他们专在切要地方下功夫，一点精力不浪费。你只须遵着良知所指示，直"行"下去。"行"不通时，它自然会使你"学"，使你"问"，使你"思"，使你"辨"。"知"消纳在"行"中，而学、问、思、辨莫非所以致良知。这样进修方法和朱学实有毫发千里之辨。所以阳明《答罗整庵书》道：

> 凡执事所以致疑于格物之说者，必谓其是内而非外也，必谓其专事于反观内省之为而遗弃其讲习讨论之功也，必谓其一意于纲领本原之约而脱略于支节条目之详

也，必谓其沉溺于枯槁虚寂之偏而不尽于物理人事之变也。审如是，岂但获罪于圣门，获罪于朱子，是邪说诬民，叛道乱正，人得而诛之也。而况于执事之正直哉？审如是，世之稍明训诂，闻先哲之绪论者，皆知其非也。而况于执事之高明哉？凡某之所谓格物，其于朱子九条之说，皆包罗统括于其中。但为之有要，作用不同，正所谓毫厘之差耳。然毫厘之差，而千里之谬实起于此，不可不辩。

王学决不像普通所想象的那样简单。它和朱学的差别也很微渺，不是随便一瞥就可以辨认出来的。凡什么读书、稽古、讲习、讨论，朱子所从事者，阳明也未尝不从事。但在朱子，知是知，行是行，讲习讨论是讲习讨论，返观内省是返观内省，划然各为一事；在阳明，则提出个良知作头脑，讲习讨论也是致良知，返观内省也是致良知，无论“知”啦“行”啦，都是从良知出发。只要一个“致良知”，就把什么功夫都“包罗统括于其中”。前者是多元的，而后者是一元的。前者是头痛治头，脚痛治脚；而后者是直抉根源，“溥博渊泉，而时出之”。只有把一切功夫都消纳到一个致良知上，而后功夫才实实落落，近里着已，问方是切问，思方是近思，行方是笃行。除下一切功夫别无可以致良知，而致良知却把一切功夫都点活了。这正是所谓“为之有要，作用不同”，其妙处只在一转手之间。就由这一转手，而“博文”成为“约礼”的功夫，“惟精”成为“惟一”的功夫，“道问学”成为“尊德性”的功夫，“知”和“行”亦合为一体了。我常奇怪，阳明学说和后来的颜、李学说，一个极玄妙而一个极平实，本是绝不相容，但他们却有许多共鸣之点。他们都主张学不离行，都反对以读书为学。习斋骂当时学者，不是“博学”，而是“博读，博讲，博著”，这和阳明力辟口耳之学精神颇相契合。其学琴之喻，和阳明学射之喻尤绝相类。原来王、颜两家之学所以极端相反者，因为一个专讲“心”，一个专讲“事物”。但实际上，阳明所谓“心”者，又和“事物”混一不分。他说：

> 目无体，以万物之色为体；耳无体，以万物之声为体；鼻无体，以万物之臭为体；口无体，以万物之味为体；心无体，以天地万物感应之是非为体。(《全书》卷三)

离开“天地万物感应之是非”，别无所谓“心”。所谓“致良知”，亦不外乎在种种事物感应上下功夫。象山早有“在人情事变上用功”之说，阳明亦有“在事上磨炼”之说。可见这班心学家虽然尽管在那里掉弄玄机，尽管在道学范围内变花样，兜圈子；但不知不觉间早已渗入些新成分，为下一个时代开先路。在这种情形下，王学和颜学竟暗通了消息。（王学和清初学术的关系，在拙著《十七世纪中国思想史概论》中颇有发挥，将来如有机会还想作一篇《从陆王到李颜》加以更详细的说明，兹不赘。）总之，阳明并不反对读书、稽古、讲习、讨论种种功夫，但这种种功夫须隶属在“致良知”一个总题目之下；他并不反对求“知”，但求知不能当作行动以外的另一件事。从行动中，从生活中，自然涌现出来的问题，才是活问题；从行动中，从生活中，自然涌现出来的知识，才是活知识。这种精神，我们从现代实验派尤其是唯物论者的学说中，才能见到它充分的健全的发展形态。阳明的“知行合一”论，只算这种精神的原始表现，在道学的乌烟瘴气中透出微微一线的曙光。

综上所述，我们分析阳明学说，无论从致良知上或知行合一上，处处可以看出一种自由解放的精神，处处是反对八股化道学，打破道学的陈旧格式。倘若我们再把他的“心即理”和“万物一体”等等说法都加以分析，这种自由主义的倾向同样的表现出来，这里我们也不必赘述。我们且看他大胆的说：

> 夫学贵得之心，求之于心而非也，虽其言之出于孔子，不敢以为是也。而况其未及孔子者乎？求之于心而是也，虽其言之出于庸常，不敢以为非也。而况其出于孔子者乎？（《答罗整庵书》）

他居然敢不以孔子之是非为是非，而只信自己的心，独断独行，自作主张。什么圣贤榜样，道理格式，都不放在眼里，所以他还说：

> 夫舜之不告而娶，岂舜之前已有不告而娶者为之准则，故舜得以考之何典，问诸何人，而为此耶？抑亦求诸其心一念之良知，权轻重之宜，不得已而为此耶？武之不葬而兴师，岂武之前已有不葬而兴师者为之准则，故武得以考之何典，问诸何人，而为此耶？抑亦求诸其心一念之良知，权轻重之宜，不得已而为此耶？（《答顾东桥书》）

运用之妙，全在一心。无前例可援，无成套可拘。随机应变，尽不妨自我作古。象山说:“尧舜之前,所读何书?”阳明说:“……考之何典?问诸何人?”都是极大胆极痛快的话。他们绝不类拘文牵义的书生。《传习录》载:

> 薛尚谦、邹谦之、马子莘、王汝止侍坐,因叹先生自征宁藩以来,天下谤议益众,请各言其故。有言先生功业势位日隆,天下忌之者日众;有言先生之学日明,故为宋儒争是非者亦日博;有言先生自南都以后,同志信从者日众,而四方排阻者日益力。先生曰:诸君之言,信皆有之。但吾一段自知处,诸君俱未道及耳。诸友请问。先生曰:我在南都以前,尚有些子乡愿的意思在。我今信得这良知真是真非,信手行去,更不看些覆藏。我今才做得个狂者的胸次,使天下之人都说我行不掩言也罢。尚谦出,曰:信得此过,方是圣贤的血脉。(《全书》卷三)

这段话最能表现王学的精神。阳明以“狂者”自命,直往直来,信手行去,把一种软媚圆熟的乡愿气息一扫而空。阳明之所以大遭谤议者在此,其所以能对于当时思想界尽一种解放革新的作用者亦在此。我们可以说王学的精神就在这个“狂”字。孔子思狂士而恶乡愿,孟子更详细发挥这个道理,“狂者”地位本来不低。阳明以此为根据,高揭“狂”的旗帜,鼓吹“狂”的学说,遂轰轰烈烈的做了一场道学革新运动。及阳明死后,王学起了分化。其右倾一派,如聂双江、罗念庵等,力挽“狂”澜,返回李延平“未发”一路。其左倾一派,如王龙溪、王心斋等,把这个

“狂”的精神更发展到极端，最后形成所谓“狂禅”派，这正是本编所要特别讲述的。

选自《左派王学》，1934年开明书店

王阳明论

释太虚

第一章　缘起

宋、明先儒之说，予昔者块居普陀，尝浏览而有所论列。比年弘法南北，席不暇暖，加以积藁迁逸，旧所治者，殆惘惘若隔世！康寄遥居士受其友人赵南公嘱，请叙《王阳明全集》，以告世之事王学者。予以宋、明儒学，实华梵两学构成之一思潮。今者海东西民族，方将酝酿世界之文化，唯是可为前事之准。而阳明又此一思潮之硕果，前乎阳明未有逮阳明之盛者也，后乎阳明未有逮阳明之盛者也。一推斯学，小之足以起中国，大之足以援天下，故虽值荒落匆遽之际，不辞一述其所知者，就正于当世有道焉。第阳明之文章以及其生平事业，皆非此所言，惟一言其道学而已。

第二章　阳明道学之来历

第一节　阳明道学之历程

黄梨洲叙阳明道学之历程曰：

先生之学，始泛滥于词章，继而遍读考亭之书，循序格物（一变）。顾物理吾心终判为二，无所得入，于是出入于佛、老者久之（二变）。及至居夷处困，动心忍性，因念圣人处此更有何道，忽悟格物致知之旨（龙场大悟）；圣人之道，吾性自足，不假外求（三变）。其学凡三变而始得其门。自此以后，尽去枝叶，一意本原，以默坐澄心为学的。有未发之中，始能有发而中节之和，视听言动，大率以收敛为主，发散是不得已（一变）。江右以后，专提致良知三字，默不假坐，心不待澄，不习不虑，出之自有天则。盖良知即是未发之中，此知之前更无未发；良知即是中节之和，此知之后更无已发；此知自能收敛，不须更主以收敛，此知自能发散，不须更期于发散。收敛者，感之体，静而动也。发散者，寂之用，动而静也。知之真切笃实处即是行，行之明觉精察处即是知，无有二也（二变）。居越以后，所操益熟，所得益化，时时知是知非，时时无是无非，开口即得本心，更无假借凑泊，如赤日当空而万象毕照（三变）。是学成之后，又有此三变也。

释太虚曰：此梨洲精研王学而有得之谈！阳明之一代道学生

涯，昭然毕露，更不须添着一字。然综贯阳明一生者，则良知二字而已。其为学三变而入门，则由未得良知而悟得良知也。其默坐澄心，则持守良知而养良知之体也。其致良知，则笃行良知而充良知之用也。其赤日当空，则承持守笃行之后，所获粹然良知之果也。此在阳明之自成其己，洵可谓臻其极矣！顾梨洲他日又言：

> 先生命世人豪，龙场一悟，得之天启，亦自谓从五经印证过来，其为廓然圣路无疑，特其急于明道，往往将向上一几轻于指点，启后学猎等之弊有之。天假之年，尽融其高明卓绝之见而底于实地，安知不更有晚年定论出于其间？而先生且遂以优入圣域，则范围朱、陆而进退之，又不待言矣。先生属纩时，尝自言曰："我平生学问，才做得数分，惜不得与我党共成之。"

又若阳明固歉然不自足，而梨洲亦对之有未满之意者。则应知阳明临逝告门人周积曰："此心光明，亦复何言！"其在作圣成已，实无遗憾；惟于内圣外王之道，其应帝王以成人成物者，尚有待耳。故其致良知时之教育门弟，建立功业，皆自充其良知之用以成已者，未能暂舍乎己，为天下、国家、人民、万物设身处地以从之也。此梨洲所以讥其急于明道，往往将向上一几，轻于指点，启后学猎等之弊，未尽融其高明卓绝之见而底于实地。卒之，其门弟纯驳歧出，流于浅薄轻嚣，不逮孔门之彬彬也。则阳明之功业之烂然当世，学风之靡然身后，殆由其才气迈人，际遇得时，非尽出道学之所成也明矣。换言之，阳明才做到藉成他而成己之圣功，尚未做既成己而成他之王业耳。然功名之立，教化之行，胥在乎江右时，弥足验阳明之专提致良知，为自充其良知之用，而但以自行者化他也。

第二节　阳明学与宋明儒学

明儒由吴康斋转为陈白沙，已开一新面目，至阳明遂启仲尼以未有之局。同时若湛甘泉、罗整庵辈，虽与阳明无大相发明之处，但阳明之学亦非突然而集，盖于宋学不无来源上之系属焉。宋学尝有朱、陆之异，明代儒者皆绍述朱学，阳明早岁亦尝遍读朱书，已而斥弃其格物穷理之说。后解《大学》，又主于抵牾，于是与朱弥远，与陆弥近，而世之言宋、明学者，且举陆、王与程、朱并列焉。夫阳明与朱、陆一反一正之关系，则诚如是矣；然与二程又异其关系。盖宋明之学，二程实为根本，二程师周而友邵、张，颇谈理气大端，大程言气即理，故曰："只此一阴一阳是道。"又曰："生之谓性，性即气，气即性。"小程言气非理，故曰："离了阴阳便无道，所以阴阳者是道也。气是形而下者，道是形而上者，形而上者则是理也。"小程以道"理"非是阴阳"气"，而是所以阴阳"气"者，故理与气二。黄梨洲辨罗整庵曰："心性之名，其不可混者，犹之理与气，而其终不可得而分者，亦犹之乎理与气也。"谓理即是气之理，是也；独不曰性即是心之性乎？心即气之聚于人者，"性"即理之聚于人者，理气是一，则心性不得是二。此则既言气之在人者曰心，理之在人者曰性，又言性、心、理、气之名不可混，亦不可得分，则能兼综会通于二程之说，而大程之气即性，性即气，亦弥见其为气即理、理即气之变名也。心气与性理为一，心气与性理为异，此宋明儒学分为二派之依据，而贯彻乎始终者也。故始分于大程、小程，中对峙于陆、朱，终相抗于述朱述王之徒，演成并行之二系如下：

一、心气即性理系——大程——陆——王

二、心气非性理系——小程——朱——述朱

由是观之，亦可见王学于宋明儒中道统之何属也。但阳明于宋明儒尤特出者，则因孔门之道，原重在内圣外王之行事，而不重在析名辨物之理论者。宋儒矫汉唐溺于词章训诂之弊，倡为道学，尤贵证心践形，故周茂叔最初教二程者，即在令寻孔颜乐处，而明道见人静坐，即叹为好学。然主性理异于心气者，则认物性天理在于天，在于外物，谓人心之所有者不过明觉，而理为天地万物之所公共，故必穷尽天地万物之理，然后吾心之明觉与之浑合而无间，遂仍溺于书物，不克振拔。而阳明则谓圣人之学，心学也，心即理也，心即良知也，良知即天理也。摆落一切，空诸依傍，但致吾心良知天理于事事物物，则事事物物皆得其理，故能即知即行，知到行到，以成作圣之行，实高迈古今！宋儒大程仿佛之，故梨洲叹为明道而后，未见其比也。

第三节　阳明道学与佛之禅教律

佛法可大别之为禅、教、律；所谓禅是佛心，教是佛语，律是佛身是也。知宋儒来源上之禅宗关系，则可知王学与禅宗之关系也。

尝论我国自晚唐五代以入于宋，禅宗实为学者思想之结核，故不惟佛教之天台、贤首、净土等，能畅行于宋、明来者，皆托禅宗为根底，各开应化门户；虽道家、儒家，亦取禅宗为骨，涂附或道、儒之旧业为皮肉，以号为性命双修之仙学，及宋明儒之理学者。道家之旧业，则长生之炼丹出神也；儒家之旧业，则治世之人事伦理也。而所取于禅宗者，则道家先守窍令心静定谓修性，似于习禅也。儒家若周茂叔教人寻孔颜乐处等，似于参禅也。然以萦挂其旧业之故，不能放舍生世，由大死而为大活，故浅为尝触，即诩已得，疾返其延生经世之旧，务为飞升之神仙，人伦之贤圣。今以唯识学之术语喻之，则从上所传教外之禅，譬第八识所变实境。立为禅宗门庭者，则如前六现量，亲托彼为本质而变为自所缘之相，能符彼本质之自相者也。立为台、贤等门庭者，则如第六正比量，疏托彼为本质，变似名相，不谬彼实境之共相者也。彼道与儒，则如第六非量，亦或亲或疏，托彼以为本质，由无始我法分别，熏习力故，变似所执实我实法之名相，于所托之自相、共相均有迷误者也。故儒、道家虽同托于禅，以面底不一致故，遂与佛门卒多抵牾。若如来与异生虽同是诸法离言自相之一真法界，以异生于离言界不相应故，异生卒不能即同如来，且与如来相背而驰也。吾因是于彼执旧业以自碍之二家，每深致慨焉。

虽然，吾亦不谓儒、道家于宋以前初无似于禅者。道家若庄周言“颜回心斋”“卜梁倚朝彻”，儒家若荀子解蔽之言“空石中人”等，皆慨然有事乎禅定者。以禅定之学原不限于佛法，有内心修养者皆所同事，故禅定学亦名增上心学，而为佛法外之异道所共修也。但汉、唐间之二家，则道务长生以修命，儒务治世以修文，鲜闻有事于增上心学者。故宋明来道家之修性，儒家之究心，实由感受禅宗之佛化使然也。然宋明来之佛、儒、道三家，已潜藏此不可说之禅宗为共通之根底，故国民之普遍心理上，每易有三教同源之思想。而读书士夫，多于三教同源之思想上，守儒家之态度；无识男女，多于三教同源思想上，持道家之态度；彻里彻表为禅宗之宗、佛教之教者，卒唯极少数之人也。

由上来所言以观宋明儒之学，可知其渊源于禅宗，而又浅尝自封，不能与禅宗一致，明矣。然世之论宋明儒学者，多谓其渊源于道家，以宋之朱、陆及明之王，皆出自二程，二程则师茂叔而友尧夫，茂叔之太极图与尧夫之先天图，皆出于道家陈搏之相传是也。但予昔尝见空谷禅师之说，忘其书名。则茂叔传承于某禅师，似即杨龟山所言之总老，乃东林总禅师。考据极确。又晁公武《读书志》，谓周子受学于润州鹤林寺僧寿涯，则濂溪固授受自禅门也。即就陈搏以言，要亦道家之已沾尝禅化者。陈搏沾禅附道以道其所道，周、邵又沾之以附于儒，适开三教混合之局，其隐贯之者，则禅宗也。茂叔教二程寻孔颜乐处，仿自禅宗参话头。其言无极而太极，乃指心言。何者？周之太极，即邵之先天。邵曰：“先天学，心法也，万化万事生于心。”又曰：“先天之学，心也。后天之学，迹也。出入有无死生者，道也。”案：先天谓心能造业，业即天命，后天谓业招而果酬，通心业果曰道。又曰：“心为太极，道为太极。”又以心谓之中，故曰：“天地之本，其起于中乎？是以乾坤交变而不离乎中，人居天地之中，心居人之中，日中则盛，月中则盈，故君子贵中也。”宋明学大致以天地人物变易之本，名太极，或谓一气，或谓元气。以人事伦理标准之性谓之中，或曰天理，或曰天性。而此皆以心释之，实为宋明学之大原，而托本禅宗禅宗亦曰心宗。之明证也。谢上蔡以之说仁，故曰：“心者何也？仁是也。上蔡出大程门，大程说仁，谓天地生生之大德。仁者何也？活者为仁，死者为不仁。”若活人有藏识，死人无藏识，此仁即指藏识。大程亦曰：“心一也，有指体而言者，寂然不动是也；有指用而言者，感而遂通天下之故也。”此以言易之言言心。杨慈湖印本心于象山之一喝，后以之作己易曰：“易，己也，非有他也。以易为天地之变化，不以易为己之变化，不可也。己者何？主人公，主人公者何？异熟识；即指其所悟本心为己耳。”至象山之“宇宙便是吾心，吾心即是宇宙”语尤显然。又言理亦即心，故曰：“塞宇宙一理耳，此心此理，不容有二。”又曰：“仁，即此心此理，万物皆备于我，只要明理。”阳明承之，乃曰：“析心与理为二，而精一之学亡。世儒讥朱子。之支离，不知吾心即物理；佛老之空虚，不知物理即吾心。”此由不知佛法之全，故有此说。岂连佛之三界唯心一语亦未闻乎。又曰：“心外无理，心外无事。”临终谓其门人曰：“此心光光地，更有何说！”盖皆务明本心同于禅宗者也。而宋、明儒学之特色，亦粗具于是矣。

王学之本于禅如此——其实于禅已不知其全，仅承禅家切近指点之入门处以为禅，不知物理即吾心。而黄梨洲承之，遂云：“儒释界限，只一理字。释氏于天理万物之理，一起置之度外，更不复讲，而止守此明觉。”则不知佛有极精密之教理故也。又谓“佛遗世累，专理会生死一事，无恶可去，并无善可谓，止馀真空性地以真显觉，从此悟入，是为宗门。”则不知佛有极森严之律仪故也。然刘念台、黄梨洲虽治王学，以惩末流放荡之弊，欲融合朱学为之辅，已沾朱学之习，故辨佛之言渐多。盖朱学承自小程，极主张理气二，以执其物理伦理较佛异同，故每与佛辨。而阳明则承大程气即理说，与象山同主唯心，以无经界之标准物，故不甚与佛辨。兹表列儒之理气，佛之心性而释之，可以知其皆未明乎佛理。

儒曰理即理一分殊之物理	佛曰众同分即分位假类性	物各类性
儒曰理或曰性即仁义礼智信	佛曰人乘正法即五戒十善法	人同分性
儒亦略明通亦未尽	佛教即十善八定法	天同分性
儒道不知	涅槃……真解脱性	出世性
儒道不知	大菩提性	佛性

禅曰心……………………………………气曰儒

大致儒家言“气”、言“道心”、言“本心”，多指一切种子如瀑流之习气种子识言。言性言理，则指各物各人之报体真异熟识。言，亦即我爱执藏内自我体。盖各类报体随各类差别，随其自类之相同者曰同分性：人曰人同分性，所谓天前业众缘命业引势限之性报体，天命为人则人，天命为兽则兽；兽曰兽同分性，天曰天同分性，复以依而行之，可不失及完成自类同分性之标准，曰伦理性。如人具此人同分之伦理性，则曰人；堕此或超此人同分之伦理性，则形纵是人而非复是人。或堕而禽兽，或超而天佛。儒者务保持此伦理性以异于禽兽，故孟子曰：“人之所异于禽兽者几希！君子存之，小人去之。”又务完成此伦理性以就贤圣，故曰：“人伦之至，谓之圣人。”然儒者持此以求免禽兽，犹佛诲人勤五戒，洵亦善也。不能知其分而安之，竟欲持此以排斥求上达天同分性、出世圣性、佛性之上乘法，则殊不能为恕辞也。而程朱等之拒乎佛，只为执此人伦理故，只为恐人堕禽兽故，亦为只准人为人，而不准人为超人之天、之出世圣、之佛故，夫亦大可哂矣！

然阳明于佛之教律虽未及知，而于禅宗则固尝受而用之者；故其施教往往有禅风，而亦不深辩门户之见，实知实行，盖粹然一得心于佛禅，立身于儒术之大贤，而与梨洲辈争以空言者异。此予所以认阳明为华梵两文明构成之一良果也。

第三章　阳明道学之宗纲

第一节　良知、致良知、知行合一

前言隐贯阳明一生者，惟是良知二字。故欲知阳明之道宗，必首向其所云之“良知”讨个分晓，乃有着落。良知一名，本于孟子；但孟子良知、良能并称，王子则总握其枢纽于良知，而良能即摄于良知之内，故即知即行，彻里彻表。且孟子所云之良知、良能，盖指吾人生禀之知能耳，生禀之知能，虽尚无习惯之染，实已为气质所拘，故同在人类，智、愚、仁、暴，襁褓中万差矣。至阳明所云良知者，乃先泛滥词章，从事于格物穷理，出入佛老，积闷久之，忽于居夷处困之际，尚观古人，近察当已，炯然独露而得。此乃吾人独能作圣成佛之一点灵心，自由活泼，绝待无依，不为气质习惯拘染者也。孔门谓之“仁体”，王氏谓之“良知”，总指此物。故阳明亦曰，良知即是独知事，而与孟子同名异实。盖孟子所指之良知良能犹金矿，而阳明所指之良知，则犹矿中露出之金也。而独知云者，非谓无他人共其寝兴游宴处之知也，乃指不拘气禀，先业所引、机械所定之身心器界。不染习尚，现身所修功业、所成之学识经验。超然于气禀习尚之上，卓然于气禀习尚之中，而自由活泼绝待无依，独能知善知恶之正知也。确指此良知者，乃吾人前六识所相应之本来净善信心，自性清净，复能清净余心心所，如水清珠能清浊水者也。故良知之良字，应训为诚，而有本性净善正信之义；故能发见此良知而保养之，身语意之动皆不能欺此良知以行，自能为善去恶[1]，即知即行，知行合一[2]。为善去恶，即是致知格物，即是致良知，故致良知则意自诚，心自正，身自修，家自齐，国自治，天下自平也。然此良知实为一切众生同具之佛性，今以人类为独能者，则犹裴休序《圆觉经》所谓："诸天耽乐，修罗方瞋，鬼狱有幽况之苦，禽兽怀獝狘之悲，可以端心虑趋菩提者，唯人道为能耳。"此云唯人道为能者，乃比较之辞，非谓除人类之外，其余即绝对不能也；然人道之可贵者，即在于此矣。顾吾人于此独比较为能者，则由习尚之染虽重，而气禀之拘独轻，谓业所得报，既不甚乐，亦不甚苦，绰然有回翔自审之余地；但能披洗其习尚之染，易能发见良知而长养之也。然举世滔

❶ 夫良知之于节目事变，犹规矩尺度之于方圆长短也。节目事变之不可预定，犹方圆长短之不可胜穷也。故规矩诚立，则不可欺以方圆，而天下之方圆不可胜用矣。尺度诚陈，则不可欺以长短，而天下之长短不可胜用矣。毫厘千里之谬，不于吾心良知一念之微而察之，亦将何所用其学乎！是不以规矩而欲定天下之方圆，不以尺度而欲尽天下之长短，吾见其乖张谬戾，日劳而无成也！——见《答顾东桥书》

❷ 凡谓之行者，只是着实去做这件事。若着实做学问思辨功夫，则学问思辨亦便是行矣。学是学做这件事，问是问做这件事，思辨是思辨这件事，则行亦便学问思辨矣。若谓学问思辨之然后去行，却如何悬空先去学问思辨得？行时又如何去得个学问思辨的事？行之精觉明察处便是知，知之真切笃实处便是行。若行而不明精觉明察，便是冥行，便是学而不思则罔，所以须说个知；知而不能真切笃实，便是妄想，便是思而不学则殆，所以必须说个行；原来只是一个工夫。凡古人说知、说行，皆是一个工夫上补偏救弊说。今说知行合一，虽亦是就今时补偏救弊说，然知行体段亦本来如是。——见《答友人问》

滔，卒鲜发见此良知而长养之、施展之、圆成之者，一因非陷于穷极无赖之绝地，恒染于习尚以为营逐，故良知虽卓然尚在而莫由发见；二因非积于多闻深思之善慧，恒忽于错过以生迷乱，故良知虽偶然流露而莫能持养。而阳明则不唯能发见之，龙场大悟。且能持养之；静默澄心。不唯能持养之，且能施行之；以致良知修己化人，致君泽民，知行合一。不唯能施行之，且能充实之。赤日当空，万象毕照。所以为儒家仲尼以来之一人也！所以为华梵两化所育生之唯一良果也！第阳明所以能发见良知而持养之者，以渊源于宋学及禅宗也。而其施行充实之者，卒为儒家贤圣，而不入佛之大小乘者，既因设身处地之所宜，复由佛之教律未深知及，而儒家之熟处难忘，故向禅宗悟得[1]，却向儒中行取也。悟得良知，存省良知，应用良知，致吾心良心于事事物物，而事事物物皆得其理。完成良知，从悟得良知之一贯工夫，终不外即知即行，知行合一。阳明道宗之在是，不了然可知欤？

第二节　四句教法

按天泉问答，传阳明有四句教法云："无善无恶心之体，有善有恶意之动，知善知恶是良知，为善去恶是格致。"此之四句，乃阳明学纲之所存也；而历来解者，自王龙溪、邓定宇、黄梨洲辈，鲜

---

[1] 不思善不思恶时是本来面目，此佛氏为未识本来面目者，设此方便，本来面目，即吾圣门所谓良知。今既认得良知明白，即已不消如此说矣。随物而格，是致知之功，即佛氏之常惺惺，亦是常存本来面目耳。体段工夫，大略相似。——见《答友人问》

了知其义者。以阳明虽心知其故，而于儒说无征，又未窥佛教法相诸书，不能详确其说。致龙溪辈求高反浅，欲翻此四有为四无而后快也！然此弊不惟王门有之，即佛者之通宗不通说者，亦往往有此弊！故良知为王门之宗通，而此四句为王门之说通也。通此说通，非精究佛法之唯识学不可，兹略为诠释于下：

无善无恶心之体者，指先业所引之真异熟及异熟生等色心诸法以言。此皆循已定之势而流行演进，不能自由有所转移，须待他力以为之改动。一与能为改动之他力相值，又不能自由有所趋避者，不异通常所云之“自然”。故无染净善恶可言，而惟是无覆、非染非净。无记非善非恶。性。儒书颂为：“天之命，于穆不已，流行不息。”而道书颂为：“自然之道，不与圣人同忧患者也。”

有善有恶意之动者，是痴、见、爱、慢恒续之意根，与依此意根而染净之前六识，及前六识中能善能恶之意识率身等前五识以为善为恶者也。人类之所独优者，即因此意动中能善能恶之识较为自由，往往能超脱异熟及痴根之拘碍，雄据异熟、痴根之上，而独行其所欲行也。

知善知恶是良知者，良知，即信心相应诸心心所，唯是净善之性者也。虽未尝不潜存于流行之异熟中，本来皆有，唯为异熟及痴根所拘碍，隐伏不得现起，惟藉较为自由之意识，时一呈露。于此若能握持得住，则作圣之基、成佛之本，胥在乎是矣。以能保持此良知而长养之，则知善、知恶，既犹规矩尺度之必得方圆长短，可由之以崇善拒恶、为善除恶也。然此“道心”，盖微乎其微，体察既得，尤必深培而厚养之，乃能应用。夫培养之道，如园植然，防以礼仪戒律。之垣，持以静虑禅定。之土，复时养以惭、愧、慈、悲等肥料，雨旸风露等圣言，庶乎其可无夭阏也。

为善去恶是格致原文曰格物，今代为格致，以为善去恶，即是格物，亦即是致知也。者，为善去恶，即是令意遵循良知而动。在遵循良知以处制事物边言之，即是致知、知致；在由是而意诚、心正、身修，家齐、国治、天下平边言之，即是格物、物格。盖物也者，即向者能为拘碍之异熟、痴根等，亦即是意、心、身、家、国、世界等，今悉检格之使遵从良知而回转行动一致，故悉成诚、正、修、齐、治、平、之善也。

故阳明此之四句教法，主要在知善知恶之良知，笃切在为善去恶之格致，结果在恶尽善纯之至善。而王龙溪辈误认重在无善无恶之心体而欲一切无之；黄梨洲虽不善龙溪、定宇等邪解，欲从而救正之，卒迷离惝恍而莫能达其辞，均不知王学之纲也！阳明能化行当世者，以得良知之道宗也；阳明致弊丛末流者，以失四句之学纲也。知此，可与论阳明道学得失之原矣。

第四章　阳明道学之流传

阳明出其自受用之致良知三昧，简明亲切，向人当前指点。接其教音者，殆无不承风归化，心悦诚服。但阳明以自己之高明律人，视他人尽是高明，既不能定之以教理，又未能范之以律仪，而及门诸子，得浅、得深、得纯、得驳，只取其一偏，以之独扬其至，执之不得会通，末流遂猥杂不可收拾！《明儒学案》泰半皆王门流斋，列为浙中王门学案、江右王门学案、南中王门学案、楚中王门学案、北方王门学案、闽粤王门学案及泰州学案；再传而后者，又有止修学案、东林学案、蕺山学案等。于中约可分四类：龙溪、心斋，偏重阳明直指独知一端，陷于狂滥，不能谨持良知以为善去恶，故此派唯归入佛门，乃得踏实；东廓、念庵，偏重阳明默坐澄心一端，落于虚拘，未能得良知以从体起用，故此派后衍为梨洲，用乃渐宏。见罗止修，颇能贯持，然根本未清也；东林与世，颇能致用，然悟养已疏也。蕺山专提谨独，近于东廓、念庵，而梨洲亦气禀习尚用事而已。余子不一一论，卒未有明得阳明之全者也，宜其流风亦随有明一代而亡矣！然张苍水传之于日本，反能涓涓不息，郁久成明治之盛，则因倭人禅侠相尚，易恒化于致良知而直往径行之风也。

第五章　余论

昔尝言宋、明儒与佛抵异之故：一者，先入为主，守门面故；二者，虽窥本心，未深明故；非大菩提不圆明故。三者，不知佛有人乘法故；四者，中国佛徒偏出世故；五者，经、律、论藏少研究故；六者，方便教化先成人故。此第六方便教化先成人故者，即是以佛之人乘法教化人众令先得完成人格者；而中国之儒学最合乎此，故在中国即可用儒学以教人，而阳明殆此流中之第一人欤！虽可崇者，在《阳明全书》之刊行，所以将大有功于世道人心也。然由孔子与阳明之遗说，皆不能产生若孔子、若阳明之为人者，盖孔子乃天纵之圣，佛法谓之菩萨应化。而阳明则产自禅宗，其所成之人格，皆超其书之上也。今世兽欲横流，人性垂灭，亟须有阳明之人者兴，救之以人伦之正！然非佛法，无由得生阳明之人者；即有阳明之人者出，若非准之以佛法经论，摄之以佛之皈戒，亦终纷泯随至，而不可行远垂久！故今有忧世而救人者，应从佛化中自养成阳明之人格，以之建为佛教之儒宗，则不难融洽海东西之群化，一变而至于道！幸勿拘其私智而自小，有天地之大弗之窥，舍规矩之巧弗之用，徒眩奇以骛名，而卒鲜效功之可收也！

吾于是有慨乎近人之出佛而入儒者，有若李政纲，则曰："佛之明心性同儒，但教迹不逮儒之符契人情也，故当舍佛而行儒。"有若梁漱溟，则曰："唯佛法为真对，但今当先施儒化，令得尝人生之真味，故佛化须置为后图也。"夫李君治佛学久之，握厥单微，回窥儒书，乃见其心性之有同，而反憎佛之教迹远乎人情；殊不知佛之教迹，皆治人心之病者，以今世人心繁剧之变，若非佛法无央数之方便教迹，曾谓仅隐约儒言，能药愈之乎？则徒矜人情之博近，而终于无救而已。梁君亦治佛学久之，始窥见儒化真如，然则欲导世人得尝人生之真味，正须先谋宏施佛化，乃反欲置佛化为后图，是犹欲枝之茂而斫其根，欲流之长而涸其源也！不亦傎与！呜呼！使斯世斯民，犹有得复其人性之望者，必将有阳明其人以兴，莫吾逆言，慨然以建设佛教之儒宗自任，高建佛乘之法幢，而溥施人乘之儒化也。吾将于《阳明全书》之流布卜焉！

甲子春尽之日，释太虚作于佛学院

选自《阳明全书》第6册
1925年泰东图书局

答牟宗三问格物致知书

熊十力

牟宗三来函

昨奉《读经示要》第一讲油印稿，喜甚！细读一过，大义昭然。据六经之常道，遮世出世法之僻执，曰：耽空者务超生，其失也鬼；执有者尚创新，其失也物。遮表双彰，可谓至矣！继陈九义，始于仁以为体，终以群龙无首，规模宏阔，气象高远。盖吾师立言，自乾元着手，会通《易》《春秋》及群经而一之，固若是其大也。第九义中讲愿欲依性分而起，不必其偿，令人警惕赞叹不置，顿觉精神提高万丈。人类学术之尊严胥由此起。孔孟立人极，赞化育，本以此为其根本精神。理学家杂以释老，此义渐隐没不彰。德国哲人立言庶几乎此，而英人则全不能了此。时下人心堕落，全无志气，闻之必大笑，然非圣贤心思不能道之矣。

后面讲《大学》，宗微有不甚了然者，即"致知在格物"一语，据吾师所演释，似不甚顺妥。致知之知，若取阳明义，指良知本心言，而“格物”一词复因顾及知识，取朱子义。今细按“致知在格物”一语，则朱、王二义，实难接头。朱子义甚清楚，然即物而穷其理，以成知识，与诚意正心究无若何必然之关系。朱义于“物格而后知至”可讲通，然知至而意不必诚，此其义终难通。阳明即把住此点，将朱子向外一行全转过来，知定为良知，物训为意之所在，格物则成为正念头，亦即成为致良知之工夫。此则与正心、诚意步步紧逼，有必然之关联。然阳明之系统大体虽顺，而其中之“致”字，似有歧义。试返诸吾侪所意谓，致良知即是复良知。良知既是本心，然为习心所蔽，故须复。复之工夫即格物，良知完全呈露，则事事自然合理。致若作复义解，则此段工夫即为内向历程。然阳明之言致良知，常是兼内外而为一整个一来往。若作复义解，则是内向。若是外向，则致字当是推扩义。试就“致吾心之良知于事事物物”一语而言之，此语可解为在事事物物上复吾心之良知，此即是内向，亦可解为推扩“吾心之良知于事事物物而皆得其理”，此即是外向。阳明之言致究是何义，并未表明清楚。然无论如何，总持言之，内向、外向，义虽有别，次序亦异，而总不冲突。惟关键在复，立言之着重处亦在复。而外向则是其委也，亦可兼内外同时而言之。内向之复同时即是外向之推扩，成为同时俱起之一整个一来往。若揆之“致知在格物”，则内向义为顺。吾师所讲者，则似为外向之推扩义。致知之知既是良知或本心，则“欲诚其意者先致其知”一语，便是内向之最高峰。是则此语中之致知，以复义为重，然本体非只是虚寂，亦不可以识得本体便耽虚溺寂而至于绝物，亡缘返照，而归于反知，此经之所以结归于“致知在格物”也。吾师训格为量度，下举诸例如事亲，如入科学试验室等，皆明本良知以量度事物。凡量度事物，皆为良知之发用，是则“致知在格物”一语中之“致”字，全成外向之推扩义，既与前语中之致知不相洽，不一致。而按之经文，宗总觉其不顺妥。一切知识莫非良知之妙用，在一独立系统中自无可疑。知识如何安顿，亦自可由此而解答之。然凡此诸义，皆不必牵合于“致知在格物”一经句，或吾师欲托《大学》经文以立教，则非所敢议。

熊十力回函

来函谓“欲诚其意者先致其知”。此“致”字当作复义解。复便是内向，而以吾解“致知在格物”一语中之“致”字全成外向之推扩义，以此疑其不顺妥。吾子此段议论，恐推求太过。夫心，无内外可分也，而语夫知的作用，则心有反缘用焉，缘者，缘虑义。参考《新唯识论》上卷。反缘谓心之自明自了，亦云自知。似不妨说为内向；有外缘用焉，外缘谓缘虑一切境。夫一切境，皆非离心而外在者，今此云外何耶？境本不在心外，而随顺世俗，不妨说为外耳。心于所缘境起解时，便似作外境想，故假名为外。似不妨说为外向。但内外二名，要是量论上权宜设施。量论犹俗云认识论。实则境不离心独在，虽假说外缘，毕竟无所谓外，且反缘时，知体炯然无系；知体犹云心体；无系者，心反缘时，只是自知自了而已，不起外境想，故云无系。外缘时，知体亦炯然无系。外缘时，虽现似外境相，而知体澄然，不滞于境，故亦无所系。知体恒自炯然无定在，而实无所不在，何可横截内外而疑其内向外向之用有所偏乎？《中庸》曰："合内外之道也，故时措之宜也。"辞约义丰，切宜深玩。

函云"欲诚其意者先致其知"一语中之"致"字当作复义解，此亦未审。经文从"欲修其身者先正其心"逐层推到诚意在致知，所说本是一事，而分许多层次，只以义理自有分际，不得不别析言之。身之主宰是心，此身若为私欲所使，即私欲侵夺天君之位，是为心不在而身不得修。故正心即心在之谓。可详玩《示要》解正心处。易言之，即是复其本心。来函云："良知既是本心，然为习心所蔽，故须复"。此义甚谛。但已于正心一语中见之，不当于致知处说。

意是心之发用，本无不诚。而曰诚意者，吾人每当本心发用，即真意乍动时，恒有私欲，或习心起而用事，障碍真意，此谓自欺，此谓不诚。故诚意工夫是正心关键所在，易言之，即复其本心之关键所在。然诚意工夫如何下手？此是一大问题，若非立大本，持养于几先，仅于私欲或恶习萌时欲致克治之力，则将有灭于东而生于西之患，而终不免于自欺。故立大本为最要。

大本非他，即良知是也。良知者，意之本体，即前云正心之心是也。前但出心之名，而未说及心是什么，此则切示心体，即是知。知即良知之知，非知识之知。知是清净照明，虽私欲炽然时，此知亦瞒昧不得。吾人只依此内在固有之知而推扩去。"诚意先致知"之致字是推扩义。下文"致知在格物"，致字亦推扩义。知是大本，推扩则大本方立定。大本既立，则私欲不得潜滋，而意无不诚矣。

问：何故推扩方是立大本？答曰：此等处非可空思量，须切实反己体认。夫知为良知，即是本体。本体亘古现成，何待推扩？欲释汝疑，须先分别二种道理：一、法尔道理。此借用佛典名词。法尔犹言自然，儒者言天，亦自然义。自然者，无所待而然，物皆有待而生，如种子待水土、空气、人工、岁时始生芽及茎等。今言万有本体，则无所待而然。然者，如此义。他自己是如此的，没有谁何使之如此的，不可更诘其所由然的，故无可名称而强名之曰自然，或法尔道理。二、继成道理。《易》云：继善成性。此言吾人必继续其性分中本有之善，以完成吾之性分。盖本体在吾人分上，即名为性。而人之既生，为具有形气之个体，便易流于维护小己之种种私欲或恶习而失其本性，易言之，即物化而失其本体。故人须有继成之功，以实现其本体。《论语》曰："人能弘道，非道弘人。"道即本体之名，弘即推扩之义。吾人能弘大其道，继成义也。道不能弘大其人，人不用继成之功，则人乃物化而失其所本有之真体故也。就法尔道理言，本体无待，无对待也。法尔圆成，法尔圆满，无有亏欠；法尔成就，不从他生。似不待推扩。然所谓圆成者，言其备万理，含万化。易言之，即具有无限的可能，非谓其为一兀然坚住的物事也。故其显为大用，生生化化，无有穷竭，即时时在推扩之中。王船山释太极一词曰："太极者，无有不极也，此是法尔圆成义，是具有无限可能义，此似不待推扩。无有一极也。"是时时推扩义。则似不待推扩者，而实恒在推扩，《诗》曰："维天之命，于穆不已。"天谓本体，命谓本体之流行。于穆，深远义。不已即推扩无终极。《易》以天行健象乾元，即有推扩义。故吾儒言本体与佛氏以无为、无造显本体者无造即不生不灭义，是常守其故而无新生，本体便成僵固的死物。天壤悬殊。吾人不当虚构一兀然坚住之本体，妄起追求，唯应体现其所本具推扩健进之本体，以立人极。

就继成道理言，本体在吾人分上，即名为心，以其为吾身之主宰，故曰心。亦名为知。知即是心，唯以其清净照明，故名为知。心之自相只是知，除却知更有什么叫作心？此知是无知无不知。无知者，非预储有某种知识故，如无子女者决不会预备有若何顾复婴孩之知识；乃至自然科学上一切知识，若非用其知力于自然界去征测，即此等知识亦不会预有之，故云无知。无不知者，此知是一切知识之源，如妇人初生子女便有善为抚育的一切知识；乃至自然科学的知识，只要推致吾之知力于大自然，则此等知识亦自开发，故曰无不知。余之此说，在宋明理学家及禅家闻之，必多不满。今此不及辨。申言之，知体只是具有无限的知之可能，吾人必须保任此知体，此知即是本体，故云知体。或问：一言乎知，便是作用，如何径说为本体？答曰：此问甚善。然须知即用见体，不妨说知即本体。譬如于众沤，识其为大海水之显现，不妨于众沤直说是大海水。今说知即本体，义亦犹是。保任二字须善会，保者保持，任亦持义，保任此知体，勿令私欲或习心得起而障之。吾人日常生活中，不论动时静时，常是知体昭然为主于中，却赖保任不松懈。保任便是推扩中事。因其明而推扩之，使日益盛大。明者，知体之发用。如孟子言是非之心为智之端。端如丝之绪，至微者也。盖以知体之明，在凡不减，凡夫何曾损减得，只为私欲或染污习气所障蔽而不甚显发耳。其日用之间，于应事接物，或能明辨是非，不至迷乱，此正是其知体微露端倪，但凡夫不知保任此端倪，端倪即知体之明。常保任之，则知体透露矣。颜子卓尔如有所立是也，惜凡夫不悟。每有初念顷，是非不惑；及稍一转念，便为私欲所使而障蔽其本明。故学者求自远于凡夫，必于一念是非之明处引其端而扩之，至于穷万理，达至道，得大智慧，庶几知体展扩，渐近极度。言渐近者，实无有极度也。佛家以成佛为究竟位，是有极度。《诗》曰："维天之命，于穆不已。"文王之德之纯，纯亦不已，便无究竟位可言。夫渴想极度者，妄情也，不歆极度而行健不息者，真达天德也。使果有极度，则本体将为凝然坚住之物而大用息，是孔子所以叹"夫《易》不可见而乾坤息也"。佛家说真如是无为无造，此其妄也。呜呼！安得解人与之论儒佛乎？故曰："是非之心，知之端也。"孟子之言扩充，其义尟矣。或问：先生言推扩，究须有保任工夫，而解"致"字却似偏取推扩一义，何耶？答曰：保任自是推扩中事，非可离推扩工夫而别言保任也。推扩者即依本体之明而推扩之耳；"依"字是顺从义，即保任之谓。吾人只念念顺从吾知体之明而推扩去，则私欲或习心自不得起。推扩工夫稍歇，则习心便乘间而横溢。反省深者，当知此事。保任亦只是依从知体之明推扩去，非是别用一心来把住此知体可云保任也。如别用心来把持，便是无端添一执着的私意，即知体或本心已受障蔽。理学与禅师末流多中此毒。

经文致知"致"字，本是推扩义，保任意思自在其中，然经直以推扩标义，隐含保任却不直标保任者，此中大有深意。试详玩后儒宋明儒。语录，大抵以为知体或本心是本来具足，吾亦承认本来具足，但是具有无限的可能，而禅与理家不必同此。本来现成，故其谈工夫，总不外保任的意义为多。程朱居敬工夫只是保任，不独明儒昌言保任也。单提保任，则可以忽略推扩义，以为现成具足之体，无事于推扩也。明道《识仁篇》云：此理不须穷索，以诚敬存之，存久自明。存即保任义。格以经文致知之"致"字，即推扩义者，乃见明道纯是道家之徒。道家不言推扩，其旨与佛氏为近。宋明儒始终奉《识仁篇》为宝训，其于仁体仁体亦即知体。仁与知非二也，特所从言之方面不同。实只有保任，而无推扩工夫。充其保任之功到极好处，终近于守寂，而失其固有活跃开辟的天性，其下流归于委靡不振而百弊生。宋明以来，贤儒之鲜有大造于世运，亦由儒学多失其真故也。故言推扩，而保任义自在其中，单提保任则可以忽略推扩工夫，而其弊有不可胜言者。总之，知体是主宰，依从知体之明而推扩去，便是工夫。即工夫即本体，本体亦云知体。如充一念是非之知，可以进至极高的智慧境地。工夫推扩不已，不令此知体被私欲障碍，引而伸长之，即是本体展扩不已，此乃人道之所以继天成己天者，本体之名。人继续其所固有之本体而不至物化，是名继天。己谓性分，非小己之谓，人完成其性分曰成己。而立人极也，是谓继成道理。

经文于修身先正心处已明复义，因为此“正”字即是《易》言正位之正，即明心为身之主宰，当正其天君之位而不可为私欲或习心所侵夺，故是复义。但此处只作一番提示，并未说到如何用功去复。继言诚意，便显意是心之发用，于此却要用功，必勿以私欲或习心来自欺其意，如此方是诚意，而心不致放失。然不自欺工夫即诚意工夫。不是仅在发用处可着力，必须立大本。大本非他，还是要认明自家主宰的头面。主宰即上所云心。此个头面即是知。所谓良知。阳明诗云：“而今说与真头面，只是良知更莫疑。”如此觌体承当，得未曾有。然自识得此大本已，大本即知，亦云良知。必须依从他良知。推扩去，如渊泉时出不竭才是。渊泉喻如良知；时出者，渊泉随时流出，喻如良知之明随时推扩。本体良知，原是推扩不容已，工夫亦只是推扩不容已，即工夫即本体，吃紧。焉有现成具足之一物可容拘隘而坚持之乎？佛家说到知体，佛所云智，亦相当于《大学》经文致知之知。喻如大圆镜，此便无有推扩。吾谓以镜喻知体，不如以嘉谷种子喻之为适当。须知一颗谷种，原具备有芽、干、枝、叶、花、实等等无限的可能，非如镜之为一现成而无所推扩之物也。后儒言知体，皆受二氏影响，故其工夫偏于单提保任，其去经言致知之推扩义盖甚远。夫不言推扩，则工夫只是拘持，将为本体之障，无异堤防渊泉而欲断其流也。大本不立，害莫甚焉。推扩工夫，方是立大本之道，譬如通渊泉之流，源源不竭，沛然莫御，所谓有本者如是也。本立而后发用时，倘有非几之萌，自如红炉点雪，故曰“欲诚其意者，先致其知也”。

阳明于推扩义极有见，《语录》有曰：“我辈致知，只是各随分限所及。今日良知见在如此，见读现。只随今日所知扩充到底；明日良知又有开悟，便从明日所知扩充到底。如此方是精一工夫。”此段话好极，惜乎一向无人注意。诚深会于此者，当识得知体不可视犹明镜，而当喻如谷种，时在推扩发展中也。阳明后学已失此意。

推扩工夫正是良知实现，私欲、习心无由潜伏，正如太阳常出，魍魉全消。上文正心处所示复义，至此乃见。故致知之致即推扩义。是复之下手工夫，与前但虚提复义者，不容混视。义有分剂，言有次序。

复义只是对心不在而说，此心为私欲所障蔽而失其君位，故须复，如人君失位而复辟之复。明乎复义只如此，则复义并未涉及下手工夫，何所谓内向？工夫若内外一片，则内向只是堤防着本体，其害将如吾前所云，焉有如此而可复其知体者乎？知体亦本体之异名。

“致知在格物”之“致”字，元承上文来，自是推扩义。知者，心之异名。一言乎知，便已摄物。摄者，含义。心、物本为浑然流行无间之整体，不可截成二片。内外之名，随俗假说固无妨，若果以为内心、外物，划若鸿沟，则愚夫作雾自述，其过不小。夫良知非死体也，其推扩不容已。而良知实通天地万物为一体者也。故《易》言“智周万物”正是良知扩推不容已。若老庄之反知主义，老子绝圣弃智，其所云圣智，即就知识言之，非吾所谓智慧之智也。庄子亦反知。将守其孤明而不与天地万物相流通，是障遏良知之大用，不可以为道也。故经言“致知在格物”正显良知体万物而流通无阂之妙。格者，理度义。良知之明，周运乎事事物物而量度之，以悉得其有则而不可乱者，此是良知推扩不容已而未可遏绝者也。须知吾人工夫是随顺本体，而本体亦即于工夫中实现，明儒说即工夫即本体，此语妙极，惜乎学者不肯深心理会。夫推扩吾良知之明去格量事物，此项工夫正因良知本体元是推扩不容已的。良知本体四字作复词。工夫只是随顺本体，否则无由实现本体，此不可不深思也。哲学家有反知者，吾甚不取。明乎此，则吾言致知格物，融会朱、王二义，非故为强合，吾实见得真理如此。朱、王各执一偏，吾观其会通耳。

推致吾良知之明向事物上去格量，此是良知随缘作主，无所谓外向也。格物之格即是良知之用，知之流通处即是物，非物在心外，故格物实非外向。俗计为外，而实无外。知之流通处即是物，而知之格量作用周遍于其流通处，即物。而得其有则而不可乱者，是谓格物。格物工夫不已，即是吾良知之流通无息，展扩不已。

《大学》言格物，只予知识以基地，既许格物，即知识由此发展。却非直谈知识。

庄子以内圣外王言儒者之道，其说当本之《大学》。然内外二字，但是顺俗为言，不可泥执。《大学》经文只说本末，不言内外。前言物有本末，后结归修身为本。修身总摄诚正格致以立本，由身而推之家国天下，皆与吾身相系属为一体，元无身外之物。但身不修则齐治平无可言，故修是本而齐治平皆末。本末是一物，如木之根为本，其梢为末，元是一物。不可剖内外。通乎本末之义，则三纲、八目无论从末说到本或从本说到末，总是一个推扩不已的整体，不可横分内外。

“物格而后知至”者，至，极也。言于物，能格量而得其则，然后良知之用乃极其盛也。《示要》于此疏释甚明白。读者不肯反己切究，故以朱子之解为通，而疑吾之说欠顺。孟子曰：“舜明于庶物，于众物之理必格量明析而悉得其则。察于人伦，即于父子、兄弟、夫妇乃至天下人，互相关系间有其伦理，必格量不迷。由仁义行，孟子言仁义，即就本心或良知之德而目之也。由者，率顺义。明物，察伦，即于物理已无不格量，而无所迷谬，故乃率顺其仁义等德具足之良知而行之，自无冥行之患。非行仁义也。”非依古人仁义之事而假行之以袭美名，所以异乎功利之徒。详此云明物察伦即于物理无不格量而无所迷谬，所谓物格是也。物格即是良知行乎事事物物而大明遍照，其力用日益增盛，故曰“物格而后知至也”，知至则私欲或习心不得相干，而意无不诚可知。孟子云“由仁义行”，正意诚之征也。世或以为原人时代，其民天真未离，即良知现成，无有不善，老庄遐想淳古之风盖如此。其实原人尚未能推致其良知以格量事物，即知识甚陋，唯其于物有未格，不足语于明物察伦，故其所行，当理者甚少而终不自知其迷谬。即偶有是处，亦不由自觉，此与鸟兽之顽冥几无甚殊异，故其良知全不显发，无可与之言诚意不待言。阳明后学多喜享用现成良知而忽视格物，适以自误，此亦阳明讲格物未善所至也。

《大学》经文从“欲明明德于天下”一层一层追本到致知上去，即随结云“致知在格物”；却又由物格知至以下一层一层归于天下平，文义往复如环。细玩之，至良知是立大本工夫，而格物正是致良知工夫吃紧处。道家致虚，老子曰“致虚极，宁静笃”，庄子及他道家皆不外此。佛氏归寂，佛家三法印，而涅槃寂静一印实前二印所会归处，此其无上了义也，大小乘皆于此印定。同一反求自性而不免遗物，其流皆有反知之弊。佛家虽尚理智分析，然实以为修法空观之方便，与《大学》格物主张确不同。《大学》特归重“致知在格物”与“物格而后知至”二语，此实圣学与二氏天壤悬隔处。至西洋学术精于格物，却又不务致良知，便是大本不立。陆子教学者“先立乎其大”，阳明云“学问须识得头脑”，不可仅以驰求知识为能事也，《大学》之教方无流弊。

1947年《学原》第1卷第2期

评谢著《阳明学派》

梁漱溟

中华书局出版谢无量先生著的书有许多，如《佛学大纲》《中国文学史》《中国哲学史》等等都是的；还有一种小本的学生丛书，如《孔子》《朱子学派》《阳明学派》《王充哲学》几本亦都是的。这些书我或看过，或未看过；未看且不论外，其看过的也觉得似都有可批评处。这一本《阳明学派》是最近偶从朋友案上看见的，其间可指摘处尤其多。以阳明在中国学术史上价值之大，势力之伟，论理社会上大家都应当晓得他一点学说才是，然《阳明全集》安能人人都备一部？则简明的编辑一小本以供给普通社会，原是很需要的。现在这本书听说也果是很流行，那么其间许多不妥之处如其听他这样流传，似乎不好。在谢君既作这本书供给社会需要，则我们既有所见不可不出而辩正——此亦是一种社会需要。

听说谢君此书是以一日本人所著的书作底本，大约其中错缪不妥之处或是原出于日本人，而谢君没加辨察，就沿用了。就此书以窥其原来编制，则前半似取通常讲哲学之格套，如第二篇各章之分列宇宙观人生观等是，后半似取阳明平日所说的话分作几堆。例如言知行合一者为一堆，言天理人欲者为一堆；言良知者太多，既为一堆，又分为数小堆；如言固有者为一堆，言致良知功夫者为一堆之类。凡阳明所说的话皆纳于此几多之堆中，其不便分属者如四句教法则又为立一堆，务使应有尽有，而无所遗漏，此即其后半各章各节所由立矣。于是其前半以敷衍格套，则病浮泛不剀切，搜集一些关系宇宙观人生观的话连缀成文，于阳明宇宙观的真意、人生观的真意全道不出。其后半以分堆办法，则病零碎无头脑，每章或每节中将此一堆阳明的话条列排比起来便好，于阳明宗旨毫不可见，使我们看完之后心中茫然得不到一点什么意思。又此零碎排比而成章的本都是许多阳明原来文句，绝少著者自己的话，唯于每条阳明语之前常有一两句引子，其后则有一两句收束，是著者自己笔墨。例如：

> 良知虽固有之，然知愈致则愈明（引子）。故曰“天理在人心亘古亘今无有终始。天理即良知，千思万虑只是要致良知。良知愈思愈精明，若不精思漫然随笔应去，良知便粗了”（阳明原话）。盖良知既粗，以此判断事物或至颠倒善恶也（收束）。

> 致良知之功夫愈勉愈进，日异而月不同（引子）。崇一曰：“先生致知之旨发尽精蕴看来这里再去不得。”阳明曰：“此何言之易也，再用功半年看何如？再用功一年看何如？功夫愈久愈觉不同，此难口说”（阳明原

语）。盖其间消息全在于心悟，而非言语所可形容也（收束）。

诸如此类，都是开头两句引子，便将阳明言语录入；然后用“盖……也”作收束。此种办法不能将阳明言语条贯起来而得其旨归已属无谓，然前之引子后之收束果作的好，亦未始不可指点出阳明意旨，使人眼下明醒，而为读者之一助。乃此一两句之引子与收束亦往往错谬不通（若更有所申论尤多误），不但不能点出阳明意思，翻且加以搅乱而失其原意，此真可为太息者。兹举其尤著者于下：

一、第三篇第二章心即理说有一段收束，“陆王所谓心即理之真义，是指良知之本心，能为百行之标准者而言；而邪心私心不与焉。世或误解心即理之语，以本心与私心同类而并论之……是岂陆王之本旨哉？”此替陆王辨明的话，似乎务在妥慎，其实陆王原旨即从此迷失而不可见。盖陆王所谓心即理者，一面固是说是理即从心而心外无理，一面亦是说是心即是理，更无非理之心。固无理非心，亦无心非理，若有心非理，还说什么心即理呢？他绝不承认一种心有理，一种心无理。换言之，即绝不承认有一种心为本心，有一种心为私心。私心即非是心，或私心即没有心，此其本旨也。孟子所谓放其心而不存者，所谓舍则亡者是也。若如著者所辨“是这种心而言不是指那一种心而言”，不几使人疑心亦有非理者乎？不几使心即理者变为心非即理乎？原有精神经此一辨，完全丧失不可见矣！

二、同前章有一段引子云，“阳明与朱子之异亦如西洋哲学中理性论者与经验论者之异”。按西洋哲学大陆之理性派与英岛之经验派原为争认识论上之问题而分派者，与阳明朱子之以争伦理上问题而分者全非一事；岂能比而同之？有此一比又被搅得糊涂了。

三、同篇第四章第三节良知固有论收束处，替阳明辨良知非后天经验得来之义云：“天下无无因而生之物，春艺其根而后秋获其实，自然之理也。婴儿之良知虽长大始可见，然其根必植于先天，猿猱虽被以冠裳，而终不能教化使知礼义者，本性所无也。故良知固有之说未可非也。”这真是可笑极了！良知原即是赤子之心，到长大，天真已凿，反不易见，如何却说长大乃见？且藉以追证小的时必自有了呢？有此一辨证，而良知固有之义又丧失不知到那里去了！

四、同前章第三节良知标准论引子云：“凡道德之判断无论直接间接皆自良知而出，故阳明良知标准论极其详密可。”按良知之判是非皆直接的，所以谈良知者每以镜为喻是妍是媸，随来随照。又每云“天机神应不容措力”，若一加拟议思量早已不是了。安得有所谓间接判断出于良知的呢？经此轻轻加上间接两字，又把良知迷失到乌何有之乡了！

五、同前章节有一段为阳明言集义作引子云：“小善积而成大善，小恶积而成大恶；故吾人功夫当时时积聚正义。”呜呼！集义顾可作如是解乎！此正所谓“义袭而取”耳。阳明所谓集义即是致良知，亦即是戒慎不睹，恐惧不闻，而慎独，非寻常人认那许多为好事而天天做好事之谓也。做好事者亦便是所谓“行仁义”，而此则所谓“由仁义行”也。经此一引子所谓集义者适得其反矣！

六、同前章节有一段收束云：“盖良知判断之所以误皆由认人欲为天理也。”按此句直是不通！如果是良知便不会有误，如其误必非良知，不得云良知判断有误。

七、同前章有一段云：“野蛮人判断善恶之意见往往与文明人相反……亦由野蛮人致良知之功夫未熟。”此话从何说起？

八、同前章第五节致良知功夫论全盘皆错，容后另为辨明。其荒唐可笑之语句亦至多。如云“动之功夫在格物致知”。其实《传习录》中明明说“格物无间动静，静也一物也”。兹姑不一一列举。

九、同前章第五节良知与行为之关系论亦全盘皆错，待后辨明。其不通语句亦至多，如云“良知能戒慎恐惧，有使人不为恶之作用，盖于已行之后而戒其将来，有命令之意。”就字而牵扯，直不知所云，兹均不一一列举。

十、第五章阳明学说相互之关系有一段收束云：“欲良知之示此标准不可无良知之功，即致良知而不行，又无以见心即理之效。”既致良知而犹有所谓不行，则所谓致良知者诚不晓其果作何解？是盖犹以致知为无预于行之事也。世有如此之阳明学耶？

我们不过举这几条作例，使大家知道他的荒谬。其实这零碎指摘是无谓的，以下我们对于他书中“知行合一论”“致良知功夫论”“良知与行为之关系”三篇各加辨正，亦即是对于阳明宗旨稍为申明表白。我们为使阳明学说易得晓了起见，先辨其“良知与行为之关系”之非，次辨其“知行合一论”之非，最后辨其“致良知功夫论”之非。在这“良知与行为之关系”一篇里，作者以从前心理学之知情意三分法来讲良知。他说：

近世良心固有论者或以良心为知之作用，或以为情之作用，或以为意之作用，其说各蔽于一端。今阳明以良知之体用即心之体用，则心之三作用固同时即良知之三作用也。请以阳明之说证之。

于是他便开列知情意三项，而各以阳明讲良知的话分注于其下，牵扯傅会以成其说。每项之下又分行为前与行为后。于是他不但可以指出某为良知之知，某为良知之情，某为良知之意；并且可以指出某为良知在行为前之知，某为良知在行为后之知，某为良知在行为前之情，某为良知在行为后之情，某为良知在行为前之意，某为良知在行为后之意，奇奇怪怪，不可测度，所谓良知是什么东西，简直莫名其妙了！

例如他在意的一项之下，引阳明语“能戒慎恐惧者是良知也”，便说“良知能戒慎恐惧，有使人不为恶之作用，盖于已行之后而戒其将来，有命令之意，然亦可以戒之于行为未着之前……”从戒慎恐惧一戒字扯出命令之意，以傅会心理学上所谓意志。其实戒慎恐惧另是一会事，岂可这样讲？直是荒谬。又他在知的一项之下，则藉知善知恶知是知非之语以证良知有心理学上所谓知之作用。并且后面列一良知三作用在行为前后的详表，其中指良知在行为前知的作用为“关于判断”，在行为后之知的作用为“关于详论”。良知虽不可云无判断用，然全非理论学上所讲之判断。至若详论二字则直不知从何说起？诚为胡闹。要晓得良知对于善恶是非并没有识别之用，只有一种迎拒之力。不可因其知是非的字面，便以为是知识的事。这在阳明自己原说的很明，《传习录》上说“良知只是个是非之心，是非只是个好恶，只好恶就尽了是非”。好恶即我所说的迎拒。在作者于阳明所谓良知全无理会，但摘拾阳明一二语句字面去傅会，自全无是处。

阳明所谓良知不好讲，然此时正复不必作深解。阳明他为此语原是本于孟子“不学不虑”的两句话而来。其实只就这两句话分剖去，所谓良知者已自可见。

第一桩，一切后天知识俱不在内，这是很明的。某为天，某为地，某为黑，某为白，某为三，某为四……所有这一切具体观念或抽象概念都为良知所不能知。良知上根本没有这些个。

第二桩，其能知这些个之知非是良知，这就是说先天所有能创造、能传习、能了解这些后天知识之作用，即所谓感觉作用和概念作用（即理智）者都非良知。然心理学上所谓知情意之知，实是说这感觉作用概念作用。则举心理学上所谓知者来讲良知，良知是否包含得了？后且直以判断详论等作用属诸良知，良知更何曾能作这许多事？通常所谓判断作用即是概念作用，详论则尤为复合理智的事，正是要待学待虑者，如何说作良知呢？

第三桩，我们试看真个不虑而知的是哪一项？则只有痛痒好恶才相接触即时觉知更不待虑。即此痛痒好恶是良知。这项的知是有情味的知或说有意味的知，和知识知解的知不同。知识知解的知是静的知，亦即是客观性的知，而良知则为主观性的知。试看孟子的话便晓得。孟子说的人之四端，“恻隐之心人皆有之，羞恶之心人皆有之，恭敬之心人皆有之，是非之心人皆有之”。其恻隐、羞恶、恭敬，皆明为有情意的知，固不待讲，即是非之心亦不是概念的判别，而指吾人对于是非有一种迎拒的那一点。所以阳明直以好恶为说，所谓“是非只是个好恶，只好恶就尽了是非”者极得孟子的意思。就以孟子的一段话所谓“口之于味有同嗜，目之于色有同美，而人心有所同然”，便可以互相证明了。这种有情味的知，或有意味的知，在今日则所谓直觉。直觉不待学虑而世所谓半情半知的。譬如我们看见花而美感，此美感便是直觉。即此有美感时是知其美之时，美感与知其美非两件事；自其有所感触一面看去则为情；自其有所晓了一面看去则为知；盖即情即知者也。大抵为人讲良知就感情去指点尚无大误，若指为知识边的事则不对了。至若知情意之意则良知上固亦有之。盖无论如何复杂的情味总不出乎好恶，好恶只是心的迎拒力，行动即从这里而起。如见好花则向前赏观，闻恶臭则退后掩鼻，虽无所谓意志，而意志已存乎其间。因人每用智慧为工具，行事多出于安排决定，故有意志可指；而此则天机神应，间不容发，故无意志可见；而其实此正是真的意志所在，舍此则后之所谓意志亦不得有也。心理学上知情意之三分法本属旧说，其实意是不好独立的。

兹将谢书应辨正之点分三条重述一过以清眉目：

一、原书径以心理学所谓知的作用讲良知是不对的，知的方面以感觉和理智为主，而良知则只是一种直觉的知，不可无辨。

二、原书径以心理学所谓情的作用讲良知是不对的，良知固属情的一边，然世所谓情有非良知者，此处较细，暂不能详，而不可无辨。

三、原书径以心理学所谓意的作用讲良知是不对的，良知上未尝无意的作用在，但如云“戒其将来，戒之行为未着之前，有命令之意”，则无有也；不可无辨。

总而言之，知情意原不妨说都是良知上所有的，但如原书所说则全不对矣。次当辨其知行合一论之非。在此章中作者列举十义，谓阳明知行合一之说要不出此。十义者：（一）知则必行；（二）知与行并进；（三）不行由于知未真故；（四）真知则必行；（五）不行终不能得真知；（六）知为理想，行为实现，真理想必实现，若不实现仅当名空想，不可名理想，世之空想家多而能真知实践者少，故阳明发此论；（七）知为理论，行为实际，理论之可贵与否因其适于实际与否而定，不适于实际之理论不足贵也，所谓理论与实际相违之说既阳明所决不许，故倡言知行合一以斥架空之弊；（八）知行合一为知行关系之真相；（九）知行合一之说可以鼓励实践之勇气；（十）知行合一其所谓行不限于动作兼指心之念虑而言，譬如知恶念是知，绝其恶念使不生即是行。阳明知行合一之旨究竟何在不能说的出来，乃写若许条款以臆度之，不独阳明之旨不得见，反因而更加迷晦。就中以六七两条尤为糊涂。末尾有一段更可令人失笑，原文云："然犹有疑者，知行合一果何所知而何所行乎？……若谓知恶便行恶以解知行合一，不惟异于阳明之本旨，抑亦大害于人心矣！"他不替阳明辨解还好，他这一辨解，阳明知行合一的意思倒不知道往那里去了！

此下更分四大段凑集一些阳明的话而敷衍成说，种种荒唐不可枚数，总是于阳明意思全没理会，不经他说犹可听人自去理会，一经他说乃搅乱搀杂人亦无从理会矣！今欲说明阳明知行合一的意思，不可不先弄明白他所谓"知"是什么？他所谓"行"是什么？然后方能论到合一不合的问题。此在原书作者亦稍想到这层，所以他说：

> 至于知行合一之范围则仅限于人事，而不及自然界。盖凡政治道德一切关于人事者知之即无不可行之，若夫自然界之事能知之而即行之者较罕。故阳明言知行合一始终以实践为主，亦专就人事言之耳。

其实他这种分别还是没弄明白。此处所说知行自有所专指，而不是无范围的，但却不是人事和自然界的区分。自然界的事知之而可以行之的正多，凡人类之以科学利用自然界者何莫非知之而即行之呢？而人事正不见得象他所说知之即无不可行之。我知道如何裁兵的理，我便能裁兵么？我知道有钱可以买衣服的理，我便能有钱买衣服么？须要晓得，既说知行合一，自然这“知”是指总应要发生行为的主观上有情味的知，而不是泛指些发生行为不发生行为都不干系的知，客观性的静的知。譬如知道如何裁兵的知，和知道有钱可以买衣服的知，都是静的知，并没有发生行为不发生行为的下文可说。若是知裁兵为现在切要的知，便是主观上有情味的知。他知裁兵切要的知，与他动于裁兵的切要的情，是不可分的，假如他知道裁兵切要，而不甚动裁兵切要的情，则必是知其裁兵切要犹未真。从这种知上是总要发生行为的——即裁兵运动。知行合一是专指主观上有情味的知与其应有的行为而说，却不是以人事与自然界为区界。试看阳明答顾东桥论知行合一书，顾以知食乃食，知路乃行为问，而阳明以知味之美恶，知路之险夷为说，皆可见。又答徐曰仁问，举好好色恶恶臭作例云：“见好色属知，好好色属行。”此见字大似指视觉，而属于静的知，其实此见字非单纯视觉而实包同时直觉而言。盖色是单纯视觉可以有的，好色则不是单纯视觉所能有，必兼同时直觉乃言有所谓好色。故此见字仍属有情味的知，而非静的知。阳明弟子王龙溪答人问知行合一尝有云“知非见解之谓，行非履蹈之谓”，都是辨外人以知识见解之知讨论知行合一的错误。本书作者所以发生知恶行恶的疑问，而特为慎重之辨，也便是错误在这上边。他如果晓得知恶即是恶恶，即是拒恶，而知识见解不算数，何致有这笑话呢？

知行之知是专指主观上有情味的知，既如上述，知行之行又是什么呢？平常大家所谓行就是“作事”而与“不作事”相分别的，但其实我们没有不作事之时。人常说“我现在没有作事”，然此时你独不坐卧站立了么？无论你是坐着，是卧着，是站着，已是坐着了，已是卧着了，已是站着了。乃至你歇着，你睡着，也已经是歇着了，睡着了。不能说这些都不是事，只可说没有特别举动罢了。“作事”“不作事”只有忙闲程度之差，初非有划然的区别可得，盖作事的时节也是我们的一段生活，不作事的时节也是我们的一段生活，无时无生活。既没有什么不“行”之时，则哪里别有所谓“行”？生活只是念念相续。作事时节也是念念相续，不作事时节也是念念相续，都是一般的照平常大家所谓“行”的去求，简直求不到，因为这样实在是看得太粗了。如其要去求所谓行，则只当就念念相续之一念上去求。我们时时是一念，在此一念上从其有所感发趣向而言便是行。更质言之，只这一念上所有情意是行。说个行，便当就这里看，更于外求行，则真的行却将遗失。譬如看见师长，只这一念起敬即是行了；更不待起身搬个椅子与他坐而后为行。看见乞丐，只这一念生怜即是行了；更不待掏出钱物给他而后为行。搬个椅子与他坐，掏出钱物给把他，都是起敬生怜之念念相续而达之于四肢百体的。真个起敬生怜自然会如此，万一格于时势（假设为病卧在床与手边没钱），而四肢百体不得循其感发趣向者以表达于外，则只此感发趣向之念念不已既将恭敬之行慈善之行作了而无不足。倘以时势之便得有动作表达出来，则亦是将恭敬之行慈善之行作了而非有余。反之，若未曾真动敬与怜之情意，无其念念之相续，而徒有搬个椅子与他坐，掏出钱给把他之举动，则其为何种行为正未可知，要可以为恭敬之行慈善之行也。故真的行在情意，其表见于外乃有举动。若求行于举动，未有不失真的行者，旁人必要问，你说知也是说情意，说行也是说情意，然则知行岂非无别了么？答曰正是如此。知即在行上，行即在知上，知行都在一念上。只此一念自这一面看为知，自那一面看为行，知行一体非二物也。阳明说知行便是这般意思，故曰“知之真切笃实处即是行。行之明觉精察处即是知”。又曰“若会得时只说一个知已自有行在，只说一个行已自有知在”。而龙溪所谓“知非见解之谓，行非履蹈之谓”，亦无非此意。《龙溪集》中此段原文云：

> 明伦堂会语请问知行合一之旨。先生曰“天下只有个知，不行不足谓之知。知行有本体，有工夫。如眼见得是知，然已是见了，即是行。耳闻得是知，然已是闻了，即是行。要之只此一个知已自尽了”。孟子说“孩提之童无不知爱其亲，及其长也无不知敬其兄”，止曰知而已。知便能了，更不消说能爱能敬。本体原是合一。阳明先生因后儒分知行为两事，不得已说个合一。知非见解之谓，行非履蹈之谓，只从一念上取证。知之真切笃实即是行；行之明觉精察即是知。知行两字皆指工夫言，亦原是合一。非故为立说以强人之信也。

即如看见师长一念起敬之例，从其知敬师长而言，则谓之知。然已是起敬了，即是行。知行都于敬师一念上见。所以要想明白阳明的知行合一论，头一桩应当晓得他有知行本来合一之意。他屡次说：

> 某今说个知行合一……又不是某凿空杜撰，知行本体原是如此。

> 此虽救弊而发，然知行之体本来如是，非以己意抑扬其间，姑为是说以苟一时之效者也。

但在旁人谈到阳明知行合一论，总着作因勉人实行而发，对于阳明这种声明辨白绝不细心体会以求其故。其实如果不晓得知行本来合一之意，则阳明知行合一论必无从明白的。

不过此时又要晓得，既知行同在一念本来不离，何又有知行不合一的问题发生呢？则于晓得绝对不离之知行外，再须晓得有绝对不合之知行，然后进而谈知行离合问题自易明白了。所谓绝对不合之知行，即是以静的知识见解为知，以表露的举动作事为行。盖从知识见解之知，情意未著；而情意未著，绝无动作发生。所以知识见解的知和举动作事的行是绝对不能相联合一起的。在绝对不离之知行，即知即行，无所等待，不发生知行不合一问题。在绝对不合之知行，两不相及，无可等待也，不发生知行不合一的问题。知行合一不合一的问题是因这两种知行牵连错混而发生的。牵连本来是牵连，错混是人所错混。自一念之感发趣向，知行原已俱有，然苟非时势禁格，则念念相续，布达肢体，是不应当没动作的。感触恶臭之知与退后掩鼻之行本相联带。所以阳明有云："知是行之始，行是知之成。"即于一念外更就其念念相续达于动作而说为行也。由此第一种知行之知与第二种知行之行相牵联，则于一切知过不能必改，见义不能勇为者，都发生知行不合一的问题了。其实若单就第一种知行看，当其知过见义之时，即知即行，一念俱足。当其不能必改不能勇为之时，无知无行，一念昏失，知行未尝不一也。所以说为不合一者，盖就其一念之知，以责其作为之行耳。这是因两种知行本来牵联而发生知行不合一问题的。还有因为人的错混而发生者是怎样呢？我们从一种观察客观静理的方法，产出知识见解以为我们生活中的工具；许多常识和学术都是如此。但如见师当敬，出言必信之理，则非客观的静理，而为主观的情理。此理出于良知直觉，与知识见解由后天得来者根本不同。却是我们常由习惯而致错混，把这种情理也做成知识见解一般。于是自修则藉多见多闻，教人则凭训条注入，直欲强知识见解之知发生举动作事之行，结果徒增许多死板干燥之知解，而行事不逮，就发生知行不合一的问题了。其实若纯就第二种知行去看，则知识自知识，行事自行事，本不发生合一不合一的问题。只为其本身原是情理之理，被人错混到知识路上去，两种知行相错混而难分，辄即其所知以责其行事，就生出知行不合一问题。此时又有不可不知者在前一种知行不合一问题，情味之知与动作之行本相牵带，而竟知过不能必改，见义不能勇为，是犹闻恶臭而弗退后掩鼻者，自是失其本然而为一种病态。此病实吾人之通患，抑吾人所患亦唯此一病。其义容后详。求所以致此病，盖私意乱之也。阳明答徐爱问云：

> 大学指个真知行与人看，“如好好色，如恶恶臭”见好色属知，好好色属行，只那见时已自好了，不是见后

又立个心去好。闻恶臭属知，恶恶臭属行，只那闻时已自恶了，不是闻后又立个心去恶。……知行如何分得开？此便是知行的本体不曾被私意隔断的。

阳明之意即我前边所说自一念之感发趣向，以念念相续，布达肢体，见诸行事者，必要如此随感即应，方为知行之本然。若知而不见有行，或又特立个心去行，便都不是了。在感既真，在应自切，应有未切，即感有未真。感之不真，由心有所牵，此有所牵之心谓之私意。方其一念有感，虽不无兴发，而力难持续，以及于念念，以达于肢体，这是根本致命伤在此知之前者。但有所感，岂其无虑？卒乃无应，由有二心。此有二之心谓之私意。这是结果性命的利刃在此知之后者。阳明之言似只属后一层，然实有此两层特未分别说出耳。阳明每云“知而不行只是未知”，即前一层“应有未切即感有未真”之意。有此两层而病态遂呈，阳明欲药此病，所以倡知行合一之论。知行合一论者指示出知行之本然者为其常态，以见世人之失其本然成为病态，而使人知所以求之。诚求到知行合一地步，即是感应真切得其常理，亦即是圣人。此其真意义也。非强为立说徒以矫时弊之谓也。

又在后一种知行不合一问题，直觉之知本来不假学虑而自足，何反求之见闻教训？且益之以见闻教训而犹不足？此又所谓失其本然而为一种病态也。此病（本来自足而兹竟不足之病）实吾人之通患，抑吾人所患亦唯此一病，盖此病与前病原是一事，前之不足于行，正此不足于知之见症耳。其所以致此，还即心有牵二之故。世人辄欲藉见闻教训以为帮补，非徒无益，适以滋惑，阳明欲药此病不得不排知识见解之非知，而指出知行合一之知以示人。知行合一论者，使人晓然必如是而后为知，而有以实致其知，此其真意义也，俗以为其意在勉人以实行者浅见也。与其谓为意在勉人以实行，宁曰勉人以致知。此时行上无可着力，若只去行则无非“行仁义”“义袭而取”，而行非其行也。故阳明之工夫曰“致良知”。

上面意思兹更简括重述如下，愿大家切记。

一、俗常看知行合一论为有所矫而强为立说是不对的；知行合一论是实理实说指出知行真相与人。

二、俗常看知行合一论在勉人以实行是不对的；知行合一论是要人去致知。

此两条是昍明发言本意。然使无世人之以良知错混到知识路上去，而谬解知行是两截事，则亦无须说个知行合一也（若说反嫌多疑）。知行合一之论自是纠正时人错误而发。

又次当辨其致良知功夫论之非。原书于此妄谓阳明有动静两种工夫，在此两种工夫下复有许多样色。其原文云：

阳明说致良知之功夫极详密。今约言之则有动静二种。静之功夫不外读书，慎独，静坐等。动之功夫在事实磨练，辅以社会之经验。动静二者皆致良知之要也。

动静二者之功夫虽当兼行并进，然亦有辨。当闲暇无事且加意于静之功夫，以免精神外驰，至于应接事物，非有动之功夫无以征其素养。故二者相须不可离。

这是他开头的两段，以下文章甚长不须具引。即此两段话荒谬离奇，信口乱说，几于字字是错。阳明功夫只是一件，故以简易直捷为世所称，何曾有动静两种？更何曾有五六样色之多？如此支离繁杂乃犹曰约言之乎？读书慎独何缘乃属静之功夫？慎独亦岂可以为某项下之一功夫？亦岂可与读书静坐同列而并论？至于动之功夫在事实磨练辅以社会之经验，直太离奇！良知安事经验乎？功夫又何能兼行并进得？且复有辨更可为怪！功夫岂能搁下一件换过一件耶？其后文又谓“静之功夫终属消极方面”，又云“动之功夫在致知格物”，皆臆谈无据。

大约儒家种种功夫只是名目不同，或方面不同，至其内容则只是极简单之一事，更无两件。阳明尝答人问云：

> 《大学》之所谓诚意，即《中庸》之所谓诚身也。《大学》之所谓格物致知，即《中庸》之所谓明善也。博学审问慎思明辨笃行皆所以明善而为诚身之功也。非明善之外别有所谓诚身之功也。格物致知之外又岂别有所谓诚意之功乎？《书》之所谓精一，《语》之所谓博文约礼，《中庸》之所谓尊德性而道问学，皆若此而已。

又《传习录》载云：

> 黄以方问曰：“先生之说格物，凡中庸之慎独集义博约等说皆为格物之事？”先生曰：“非也，格物即慎独，即戒慎恐惧，至于集义博约工夫只一般。不是以那数件都做格物底事。”

又阳明尝言“慎独即是致良知”。又答聂双江书有云“所谓时时去集义者只是致良知”。凡此皆可证明并无两种功夫，亦非致良知或格物一总题目下包有许多样色功夫，而实种种功夫皆同为一事也。

此时当说阳明之唯一功夫是如何一回事。欲说功夫不可不知吾人为何要功夫，必先明白问题，乃能谈应于此问题而来之事情也。且就阳明之说而观，则头一层当晓得本无问题亦无功夫可用之义。盖假如我们要求什么特别另外为自己所无的东西则成为一问题，而须要有求之之方，即功夫。但在阳明却只要良知，不要什么别的东西；而良知不学不虑本身现成，岂非无问题者乎？既无问题又要功夫何用呢？假如我们以为良知犹未足，而更须如何以完成之，则亦是问题，亦须功夫。但在阳明又以良知为已足，更无须帮凑补充，则尚何有问题？何须功夫呢？此所谓本无问题，亦无功夫可用之义也。然则岂遂竟无问题亦无功夫乎？此却亦不然。问题诚是有的。盖良知虽本具，然亦不难丢掉；良知虽已足，然亦不难欠明醒。吾人当求其所以常在常明、保不昏失者，此问题也。诚有以使其不昏不失者，此功夫也。

昏失是问题，不昏失是功失，此极简单明了。所以孟子说“学问之道无他，求其放心而已矣”；一句话断得甚明，并没有许多问题，亦没有许多功夫也。于是又当进而问怎样叫作昏失呢？或所谓昏失是怎样一回事呢？可以答言昏即是失，不失不致昏；然失实无失，失只是昏。盖此心所以昏昧都是心放失不在的缘故，所谓“心不在焉，视而不见，听而不闻”是也。心如何会不在呢？为其有所在，所以就不在了。此有所在的心亦谓之放于外的心，俗常说心跑了的便是。自这不在一面说即谓之失其心，如果不失其心，绝不致昏昧，故云“昏即是失，不失不致昏”。然所谓失其心者，那里真个便失了心呢？实不过昏昧一点，失其明觉罢了；故又云“失实无失，失只是昏”。唯一问题只是心放于外，我们前边讲知行合一说“心有牵二”便是指此。所以又谓之私心私意的，因为随感即应，过而不留才是天理之自然，亦即是公。特别着在上边是出于人之所为，亦即是有所私。故又谓之人欲，人欲犹云人为。非指声色名利。若声色名利毫不杂以人为则亦天理也。是方法不同非内容之异。故憧憧往来胸中者固是私心私意，即一时心若无所驰逐，坦然没事，亦不可恃；路子（即方法）既熟，举心动念仍不出此也。然则功夫将如何用？只是如《中庸》说的戒慎恐惧。戒慎恐惧即是要此心常在之意。然说个戒慎恐惧将谓将心注念不忘则又不是。若注念在此，则如何照应事物？才一照应事物，便又失却，安有此理？且注念亦岂天理之自然？戒慎恐惧是要心理没事而息息不昧。自然的戒慎恐惧，非人为的戒慎恐惧。诚能如此则痛痒好恶随有所感无不真切，尚何有知而不行之事？随知即行无所容心。虽在动中与静亦是一般。动静只此一件功夫，谁闻有动静两种功夫？所谓致良知，所谓格物，所谓慎独，所谓操存，所谓集义，所谓去人欲存天理，乃至种种名色，其内容皆此一事。果真用功夫自须细究，自非一言可尽。若以其大意语人，则只是如此而已。

然动静的字面在阳明书中亦是有的。所谓静坐所谓默坐澄心亦阳明所教人作的功夫，但与前说并非两事。盖作功夫之初，习惯未变，若事多心忙，即难得措手改变他；不得不屏事而求静，庶有可措手，亦免其多往熟路上跑；又闲静下来良心易见，此孟子所以有夜气之说。识得良心而后可以言戒慎操存，否则不知戒个什么，操个什么？总之功夫只此一件，凡有所为无非为此。

以上辨谢书之误，申阳明之旨已竟。然其全书之中却亦有一篇尚好，即第三篇第一章讨论性善性恶，谓阳明“无善无恶心之体”仍是主性善。立有解答十条，颇敢抒己见，所见亦不错，或出谢君自己手笔也。

1923年在北京高师讲演稿

理学谵言

汤用彤

自海禁大开，群言庞杂，学者沦于圆滑之习，风俗遂陷于嚣躁之域。于是，见不合时宜者恶之，见不同流俗者恶之，见理学先生则尤恶之。自入京师，即遇某理学先生，亦与同侪大斥之者屡。其后，在校无事时，偶手翻理学书，初格格不相入，然久之而目熟焉，知有所谓理，所谓性矣。复次而知程朱陆王矣，复次而溺于理学之渊矣。每有感辄遽然曰：理学者，中国之良药也，中国之针砭也，中国四千年之真文化真精神也。试问今日之精械利兵足以救国哉？则奥塞战争，六强国悉受其病；试问今日之学堂学校足以救国乎？则行之数十年未收效果也。盖俗敝国衰之秋，非有鞭辟近里之学不足以有为，尤非存视国性不足以图存。余尝观昔贤讲学之风，雍雍穆穆，朴茂之气凛然，洵堪为浇俗之棒喝，则心为之神往者。不置夫以古之理学与今之科学比，则人咸恶理学而求科学矣，不知理学为天人之理，万事万物之理，为形而上之学，为关于心的；科学则仅为天然界之律例，生物之所由，驭身而不能驭心，驭驱形骸而不能驱精神，恶理学而乞灵科学，是弃精神而任形骸也。国人皆恶理学，则一国之人均行尸走肉耳，国乌得国乎？噫，金瓯不圆，陆沉有日，坐而思之，能无慨然。我虽非世人所恶之理学先生者，然心有所见不敢不言，以蕲见救于万一。于是擅论古人，着其语之有合于今日，尤有益于侪者于篇。

一、阐王

姚江儒门之侠也，自来论者，许之者半，非之者亦半。盖其说过奥，精处独到，而流弊亦深，不可以不辨也。阳明点明良知，人人现在，一反观自得，则作圣有方，所谓致良知者，诚不刊之论点。顾后之学者，各师其意，失其真，以玄理高尚，妄相揣测，求见本体，遁入清谈，反远事理，则不若穷理格物之训，先知后行矣。况近日士子浮轻不戢，好高自大，尤甚于何心隐、李卓吾诸人。如复诲以姚江之说，恐其未能体会得作圣之苦心，先陷于高明叫啸之习，是岂姚江之志哉？世之欲步姚江者，吾愿其先能淡泊宁静，而后乃可明志致远也。

知是行的主意，行是知的功夫。知是行之始，行是知之成，知而不行即是未知。（徐爱记）

行之明觉精察处，便是知，知之真切笃实处，便是行。（答友人问）

说知行合一，正要人晓得一念发动处，便即是行

了，发动处不善，就将这不善的念头克倒了。（黄直记）

只不要欺良知，依他做去，善便存，恶便去，何等稳当，便是致知的实功。（陈九川记）

以上数条俱见先生致良知大体，并非如佛说顿教，全无工夫，所言善便存，恶便去，何等痛切，并非谓一识良知即可放纵，不惟需知良知，并需知致良知，尤需时时知致良知也。王门之每不如宋儒之循循规矩者，抑亦不为时时为克己工夫耳。晚近学子辄谓日本强于王学，欣然欲振之祖国，而岂知王学不宜于今日中国之薄俗也耶。

谨独即是致良知。（与黄勉之）

良知只是个是非之心，是非只是个好恶。（钱德洪记）

言语无序亦足见心之不存。（陆澄记）

礼即是理，约礼只要此心纯是天理。（徐爱记）

洒落生于天理之常存，天理常存生于戒慎恐惧之无间。（答周道通）

戒惧之念无时可息。（陈九川记）

以上数条，俱见先生为学工夫，拳拳服膺，始终罔懈。近世士夫，每误解性善之说，谓人性皆善，则呱呱坠地即赋天性，只要不为尘客所蔽，则秦镜自明，无庸拂试。不知人生而善固为天性，然感于物而动性之欲也。甘苦轻煖之识生而好恶形焉，美恶高下之识生而希望著焉，恶不正，是非混淆，希望甚奢，则明智昏懵，故情欲不节于内，而事物刻刻诱于外者，则天性蔽矣。性相近，习相远，诚圣人之定论也。世人惟其不知在良知上之必须作工夫，故不知谨独而放僻邪侈，不知戒惧而流连荒忘，无所谓信义，更无所谓礼仪。且也自以为风雅倜傥，而自笑人之守礼者为迂阔，远于事情，其亦知阳明礼即天理之说乎？甚矣，阳明所言之明透也！胸襟洒落即身广也，即坦荡荡也，而非谓逾闲破矩不加检束也。洒落亦生于天理之常存，生于戒慎恐惧之无间，而非谓生于不法律之自由，不道德之平等也。夫言语无序，失德之细者耳。而阳明谓为可见心之不存，则其大者可知矣。刘蕺山，儒之醇者也，竭毕生之力，以发阳明谨独之致良知，然实得王门真谛，如孔子之孟荀也。然则日省工夫，固不得谓知良知而遂忽之也。阳明此数语，精深独到，愿有志者察之，而铭之座右也。

为学当从心髓入微处用力，自然笃实光辉。若就标本妆缀比拟，凡平日所谓学问思辨者，适足为长傲遂非之资，自以为进于高明光大而不知陷入狠戾险嫉。（与黄宗贤）

后世不知作圣之本，却专去知识才智上求圣人。知识愈广，而人欲愈滋；才力愈多，而天理愈蔽。（薛侃记）

以上二条，切中今日学者之病。自西方各国以物质文明致富强，物质后进之中国，乃遂欲急起直追，救国于积溺之中，而所谓理化算数日灌输于全国人之脑中。行之四十年，而其弱如故，且又甚焉。则因理化算数者，无坚固之良知盾其后，适足为亡国之利器也。何以言之？夫国之强盛系于民德，而不系于民智。人心不良，理化者适助其日日制杀人之具，算数适增其机械计谋之毒。况习尚移人，世以理化算数相轩轾，则巧诈之心日缘以生，久之天性汩没，遂为狠戾险嫉之人。善乎，爱德君前在本校演说之言曰，受教育而无道德，则危险异常。盖知识愈广而人欲愈滋，才力愈多而天理愈蔽，非虚言也。泰西各国物质文明达于极点，而道德遂不免缺乏，近年以还，彼邦人士群相警戒，极力欲发达心理文明，且谓我国之真文化确优于其国，善我国民性和平温厚，实胎酝自数千年也。顾我国学者，不知本末，无烛远之眼光，心羡今日之富强，而不为将来之长治久安计，不亦惑乎？盍也反其本耶！

数年切磋，只得立志辨义利。（与薛尚谦）

为学须得个头脑，工夫方有着落。（薛侃记）

活水有源，池水无源；有源者由己，无源者从物。（与黄宗贤）

从心所欲不逾矩，只是志到熟处。（陆澄记）

以上数条，俱见先生言立志大要。夫志者，学问之始基，成功之权舆也。天下立志为善，而卒为善人者有之，且惧蹈于为恶也。况不立志为善而能为善人乎？知善之可为而不为，是谓放心，是谓懦夫，是谓自弃。不知善之可为而不为，是谓昏德，是谓顽夫，是谓无心。夫不知善之可为则已，知善之可为而不为，则不可不大为寒心哉。夫固天下未有不知善之可为者，元恶大憝，积恶已成，天爵已失，无立志之可言，而天罚不足畏，人言不足惜者，古今有几人耶？类皆能于夜气清明之时，纾其天性，见其良心，然则是人人皆有为善之资，而天下卒善人少而恶人多者，则因罕有能立志之人，立志之道似难而易，以繁而简。其第一步则必认定所立之志，一往直前，不稍畏退，积日累月行之数年，以至于生命之末日，则非难乎？繁乎？虽然，无伤也。丹诚所指，白虹贯日，人心所至，金石为开，诚能持久不变，则习与性自不费力矣。董子谓勉强学问，勉强行道。勉强者，为初学者言之，为立志者言之。阳明谓数年切磋，只得立志辨诚伪，则此足以见立志之必须时时萦心，不少宽假也，及至用力之久，则心底日明，德养日精，工夫至此少见效至于通神圣之域，此身毫无系累，行为在轨范之中而不溢出于外，则观止矣。故阳明曰：从心所欲不逾矩，只是志到熟处。故立志之初步为坚定，而其最终之效果为化工也。

> 省察是有事时存养，存养是无事时省察。（陆澄记）
>
> 问：静时亦觉意思好，才遇事便不同，如何？曰：是徒知养静而不用克己工夫也。人须在事上磨炼方立得住。（陆澄记）
>
> 病虐之人，虐虽未发而病根自在，则安可以其未发而遂忘服药调理之功。（答陆元静）

以上三条，极为精到。存养省察二者为学不可少之工夫，盖不存养，则心如浮萍，东漂西荡，全无定准；不省察，则心如浊水，清者亦为浊者所永囚不能超脱也。盖存养省察二者，一则葆心地之本明，一则去外界之侵扰；一则使良知良能日日发育，一则驱除利欲；一为直接之行动，一为间接之行动也。先生省察是有事时存养，存养是无事时省察，非谓有事不存养，无事时即可不省察。盖谓有事尘客引诱，不先去外蔽，何以存内明，故以省察为存养；无事时，神志清明，不忽长内力，何以御外侮。故以存养为省察也。存养之说最高，而省察之说最近，是以言存养者，每堕入自欺慵懦之途，须知存养时不能忘记省察，忘省察则近于虚无寂灭，故学尝主张静坐。而遇事无措者，只能存养而不善省察也。或竟忘存养之本旨，而误入歧途，故学者不可不深自惕厉也。

克己须要扫除廓清，一毫不存。（陆澄记）

人须有为己之心，方能克己，能克己方能成己。（薛侃记）

若不用克己工夫，终日只是说话而已。（答唐翊问）

当下即消去邪念，便是立命功夫。（钱德洪记）

以上数条，俱论克己工夫。阳明学问最易令人误会，即以为其教旨顿悟，全不用一点工夫。不知先生所言，虽主张良知准的说，然于自省自察均三致意焉。非独此也，先生且谓须扫除廓清，一毫不存，何等直捷痛快，何等斩绝，无稍假借，毫非可浮光掠影，云过天空也。又言人须有为己之心，方能克己，更说得透彻。有为己之心者，谓愿为善人也，所谓古之学者为己也。为己之心，非谓自私自利。自私自利，只能长傲遂非，其收果则天下之人弃之，指为败类，非为己之正法也。为己之方，厥为自克扫除恶念，培植善念，修其天爵，而人爵从之，是非真能为己者之所为耶！至若以圣贤言语为话说，更是学者通病。夫圣贤费尽心血，立法垂戒，微言大义，非仅欲其纸上空谈、托诸口说、鲜见实事已也。果如是，则亦何贵有圣贤之言，何贵有圣贤欤，何为圣贤之拘拘多是耶？故行善问道，是替古日许多圣贤表白苦心，是为圣贤发表其善果，是为将来无数圣贤作标准，不使之灰心而不力为。故所谓立命工夫，不但为一人一时，实为千秋万祀计也。

人有过多，于过上用功，就是补甑其流，必归于文过。（黄以方记）

颜子所以不迁怒，不贰过，亦未发之中始能。（薛侃记）

悔悟是去病之药，然以改之为贵，若留滞于中，则又因药发病。（薛侃记）

学须反也。（答友问）

以上数条，俱言改过事。言过则有别于恶，恶者过之成也，其初发则为过；过者易改，习焉不察，则成恶，恶者难为功。故改过实为学问之最要阶级也。孔子谓观过知仁，又重不迁怒不贰过，则其重较可知矣。虽然人孰无过，过而能改，善莫大焉，而一身以内，百孔千疮，使浅学者遇此，当张皇失措，无可左右，不知治标治本均为为学要道。从表面上言之，则知过即改，不少留滞，自为吃紧工夫，然头痛救头，脚痛救脚，自必疲于奔命，非根本之计也。故先特立治本之法。于过上用功，其流必至于文过，则是工夫一方面从驱除下手，一方面从补益下手；一方面自外加以针砭，一方面自内投以药石；一方面去人欲，一方面存天理。故先生又谓颜子不贰过，亦于未发之中始能。盖水之积也不厚，则负大舟也无力；风之积也不厚，则负大翼也无力。天性葆存光大，则过自少而易于为力；天性汩没消亡，则过太多而难于为功，是为改过之最要法门。虽然治本之法，收效最强而难见，学者最易习于疲顽，故不可不深自警醒，痛自策励，庶未收治本之效，可得治标之功，以图进乎学道，不可以为吾将用治本之法而全不顾外表，则是自欺自弃，绝非学者所宜出。故悔悟为去病之药，然以改之为贵，若留滞于中，则又因药发病也。

理无动者也，动即为欲。（答陆元静）

循理之谓静，从欲之谓动。欲也者，非必声色货利外诱也，有心之私皆欲也。（答伦彦式）

病根不除，则暂时潜伏偏倚仍在。（陆澄记）

使我果无功利之心，虽钱谷兵甲，搬运柴水，何往而非实学？何事而非天理？使我尚有功利之心，则日谈道德仁义亦只是功利之事。（与陆元静）

好名是汝一生大病根，须伐去此树，纤根勿留，方可种植嘉种，不然任汝耕耘培壅，只滋养得此根。（陆澄记）

以上数条，先生于欲之定义、欲之性质宣发无遗。夫去欲为作圣之一大关头，最宜用力。善哉，先生有言曰，学绝道丧俗之陷溺，如人在大海中，且须援之登岸，然后可授之衣而与之食。若以衣食投之波涛中，此适重其溺，彼将不以为喜而反以为忧矣。故凡居今之时，且须随机导引，因事启沃，是则人心充满人欲之私，不可不先加以省克；不先加以省克，而谓我葆吾心之明，养吾心之良，不但不可，亦且不能。故欲为圣贤，不为禽兽，则非先中心人欲之私纤芥勿遗，不能为力也。《乐记》谓人生而静，天之性也，感于物而动，性之欲也，好恶无节于内，知诱于外，不能返躬，则将灭天理而穷人欲。好恶与知二者，事虽分内外，而其为欲同，而其害更同。是以先生谓有心之私，皆欲也，故人不可外诱于物，亦不可内动于心，慎勿以为有形之害去，而无形之害可不去也。且也人欲蟠据方寸，最不易去，病根不除，无事则潜毒体内，有事则发之身外，方其平居安闲，亦自以为人欲尽斩矣。不知见猎心喜，必不能释然于胸中，矧病根尚存，则知识学问俱只为长傲逐非之资，不可为益，反可为害，所谓耕耘培壅，只滋养得此根也。故不但勿以小善为无益而不为，且勿以小恶为无伤而不去，更勿以无形之欲非病根而不锄也。

喜怒哀乐本体，自是中和的，才自家着此意思便过，不及便是私。（陆澄记）

七情有着，俱谓之欲。（钱德洪记）

天下事虽万变，吾所以应之，不出喜怒哀乐四者，此为学之要。（与王纯甫）

愤怒嗜欲正到腾沸时，便廓然能消化得，此非天下之大勇不能也。然见得良知亲切时，其工夫又自不难。（与宗贤）

以上数条，俱论喜怒哀乐七情者。七情为人常有之事，而无情则非人矣。然而克欲最难，制情尤不易。盖七情为天性之中遇事而发，既发而最易不中节。不中节则即成为人欲之私，而非天理之本也。变化气质为修身之要，然气质之变化，不但只谓去人欲，亦谓人有中和之气，喜怒得中耳。故先生有言曰，变化气质居常无所见，惟当利害经变，故遭屈辱。平时愤怒者，到此不愤怒；忧惶失措者，到此不忧惶失措。始是得力处，始是用力处，则变化气质专赖乎七情之得中也。今欲七情之得中，不可当其已发时，急图调和之，无过亦无不及。盖七情根乎天性，遇事即发，及其即发，则一往直前，驷不及舌矣。且每即其发也，而驭之制之，是治标之策，非根本之计；果使每即其发而驭之制之，则当问永无功成之日，而身体亦日不暇给，疲于奔命矣。故其上策，莫若不治七情，而治人性。夫情固发乎性，修性者即可以制情，所谓一点良知，是汝自家准的也。及既致良知，则情不正而自正，事半功倍，一劳永逸，孰有善于此者耶！先生谓工夫愈真切愈简易，愈简易愈真切，吾于此益信之。

防于未萌之先而克于方萌之际，此正《中庸》戒慎恐惧，《大学》致知格物之功，舍此之外无别功矣。（答陆元静）

我这里格物，自童子以至圣人皆是此等工夫。（黄以方记）

诚意之功只是格物。（徐爱记）

格物无间动静，静也物也。（陆澄记）

格物者，其所以用力日可见之地，故格物格其心之物也，格其意之物也，格其知之物也。（答罗整庵少宰）

以上为先生言格物之学之大要。凡朱子专言穷理，故其解格物谓为穷至事物之理，欲其极处无不到。阳明与朱子宗旨各殊，持端自异，然说到极处，无非希圣希天，譬之狙栗，朝三暮四，朝四暮三，其名不同，其实则一。朱子惧天下之靡靡不振也，惧天下人慵慵而无恒心也，惧天下之偏于顿悟也，乃为之教曰：修身必始自格物。格者至也，物者事也，穷天下万物万世之理，而后知至，而后意诚，而后心正，而后身修。学者自暴自弃则已。苟有心为人者非格物穷理莫由也。阳明之意亦谓格物之学道之要。故曰，防于未萌之先而克于未萌之际。此正致知格物之功，舍此以外无别功矣。然明阳惧学者之徒事皮毛也，惧学者之浮光掠影而伪作也，惧学者不识天理为何物，而劳力苦心于格致，不得成效也，故为之教曰：理无内外，性无内外，学无内外，知即是行，行即是知，即知即行，即行即知，心有主脑，节目事变，均可应乎而解。夫诚意者，诚于心所发也。格物者，格其意之物也。故格物洵不过之为诚意之工夫，为学道之一手段耳。是阳明之后格物者，欲人先通性命之情也，先知诚意之方也，非拒格物于外也。不然者，则先生亟言格物，进之为克欲之功，又言诚意退格物于其后，则非支离破碎也。先生言学贵有头脑，吾知其必不为此也。

再用功半年看何如，又用功一年看何如，工夫愈久愈觉不同。（陈九川记）

要常常怀个遁世无闷，不见是非而无闷之心，依此良知忍耐做去，不管毁誉荣辱，久久自然有得力处。（黄修易记）

此二条所言为学道之要，亦为读书之要。天下之善读书者，孰不以忍耐专一求之，不事闻达耶？天下之善读书者多，而善学道者少，犹之求放鸡者多，而求放心者少也。夫天下无过目成诵之书，天下亦无人生而立于无过之地，时时须省察，时时须存养，时时有过即时时当改，时时纵情即时时当节，勿以一言之善而自满，勿以一行之善而自骄，勿问收获，且事耕耘，行之既久，或可有成，若不持之坚，则前日用力俱成画饼。吾见天下之人读书而或恐以他事耗费其时光，独于学道则半途辍废，弃前日用力之时光而毫不之惜，岂不未之思耶？何其弃大顾小之甚也？其尤病者，则行一善事，则惟恐人之不知；言一善言，则惟恐人之不闻，遂使学道之事徒为外表美备之用，并非究乎天理之途也。所谓古之学者为己，今之学者为人也，行之既久，则助长之过，其先有一善惟恐人之不知，其后遂有一恶亦惟恐人之知。根本既摇，全局遂移，其终则有得道而为乡愿。夫毁誉荣辱外界之好恶是非、道德仁义者，以内之良知良能，以外物而蔽内明，是犹欲南辕而北辙也，乌乎可？

二、进朱

紫阳之学，继程周之后，致广大尽精微，直可综罗百代，以为学为修身之要。博学、审问、慎思、明辨、笃行，其所谓为学之序也；言忠信、行笃敬、惩忿窒欲、迁善改过，其所谓修身之要也。先生竭精力以研圣贤之经训，其于百家之支，二氏之诞，不惮深辨而力辟之，故博极群书，著作甚富，徒侣遍天下，降及后世，尊崇不衰，举世称为大儒，宜矣。是以先生之学，受于前贤而集其大成，流于后世，振酿百世之文教，不亦可惊耶？知其可惊，则益见先生学之正矣。世之退朱子者，尝执一端之说，恣言放论，以其学为迂阔，远于事情，不知为大儒者，自皆有独到处，不摄其精华而取其糟粕，非志学之士也。诸儒论道，大抵有对症发药者，如因学者操持过琐，而进以自然之说；或因学者放纵过甚，而进以慎独之言，不深会其意，就一隅而遗全局。王阳明有言谓学绝道丧如沉溺大海，先当援之登岸，后乃可授以衣食，故对症发药者，仅援之登岸而非衣食，若衣食之安，则诸儒别有根本之计划在。根本之计划，王阳明言之最精，知行合一，致良知，深入凑理在学者之心会；而朱子之言则最切其学，大抵穷理以致其知，反躬以践其实，而以居敬为主，全体大用兼综条贯，表里精粗交底于极，谓圣人之学，本心以穷理，顺理以应物，是则尽心之外又有功夫焉。故王阳明之论朱子曰："晦庵之言曰居敬穷理，曰非存心无以致知，曰君子之心常存敬畏，虽不见闻，亦不敢忽。所以存天理之本原，而不使支离于须臾之倾也。是其为言虽未尽莹，亦何尝不以尊德性为事，而又恶其支离乎？"是则阳明亦存朱子根本之说，又谓其虑学者之躐等妄作，使先以明格致而无不明，然后有以实之于诚正而无所谬。世之学者挂一漏万，求之愈烦而失之愈远，此乃后学之弊，晦庵不至是。又谓："晦庵折衷群儒之说，以发明《六经》《语》《孟》之语于天下，其嘉惠后人之心，真有不可得而议者。"则阳明之于朱子实亦力为推许，力为辩护，后世或黜王而推朱，或弃朱而言王，各有其所见，各行其所是，则此犹不加病躯以药石，而先投以甘旨，不援溺者登岸，而先投以衣食也。阳明之学救世人支离，眩鹜华而绝根之病，反求诸心而得其性之所觉，曰良知；因示人以用力工夫之要，曰致良知；惧世人之知良知而不致，而谓即知即行，即心即物，即动即静，即体即用。诸儒之学未如此之精微也。朱子之学欲收人之放心，退人欲以尊天理，惧学者之失于浮光掠影而言穷理以救之；惧学者之荡检逾矩而言主敬以药之；惧学者之偏于自觉而不反求诸己，乃以反躬实践之言鞭策之。使学者一本诸心，刻刻实在，有体有用，诸儒之学说亦未见若是之深切也。二先生之学各有其本根，故曾相抵牾，而其大别则阳明以格致为诚意，紫阳先格致而后诚意，然而最吃紧处，皆在惧独，则无所同异也。呜呼，世乱道微，邪说横行，淫言杂作，人人失其天真，而流于放纵，自由平等之说遂成嚣张之习，不惧其无知识而惧其无定向，不惧其柔弱而惧其高明，不惧其不知天良而惧其弃天良于不顾，不惧其不识体用而惧其不反躬实践。故今日之救药在乎收放心，不能用阳明之精微，莫若行朱子之深切，俾礼法不敢溃决，而不可收拾，此则区区之意先明王学之用，乃进以先生之实践，俾学者不长堕于不戢之途，一去而不可收。至如朱王之异同优劣，记者所不能言，亦不敢言，使释一端之争执而同进于大道。刘念台先生曰：莫虚勘三教异同，且先辨人禽两路。记者于二贤之学亦是此意。

性者心之理，情者心之动。

心譬水也，性，水之理也。

动静真伪善恶皆对而言之，是世之所谓动静真伪善恶，非性之所谓动静真伪善恶也。惟求静于未始有动之先，而性之静可见矣；求真于未始有伪之先，而性之真可见矣；求善于未始有恶之先，而性之善可见矣。

有道理之心便是道心。

凡物必有本根，性之理虽无形，而端的之发可最验。

以上数条，俱见先生言心性之大体。先生之学，确见得到、说得出其所主张者，曰穷理。而恐人听之茫无头绪，不知从何处着手，故将心、性、理三者连为一事，谓性者心之理。于是使人心有把握，有标准，以为穷理者穷心之理。苟本诸天性，发于良心行事，自毫无愧于人，是则有以此立说，既可以生学者信任之心，又可以导学者以向上之道，其用至明，其法至易，其功至伟。夫世界群生莫不谓天下无真伪也，谓宇宙无是非也，彼之是此之非也，一时之是他时之非也，今日之是后日之非也，六合之中遂几无颠扑不破之理。扰扰攘攘，众日辨乎是非之途、真伪之界，而是非真伪益不明于其心。不以是非真伪定天下之安危、人民之幸福，而乃此是非真伪遂几为乱天下之本。故愤世嫉俗者，乃曰天下无真伪是非，真伪是非不过为智者黠者藉以为乱天下之具耳。呜呼，是岂真伪是非之乱天下欤？人心自乱耳。夫全不发本身之灵明，驭外界之变迁而乃毫无主脑，随世界之渐流为转移，如是乃以之求是非真伪不亦可哂乎？昔人筑室道谋犹三年不成，而况以是非真伪之空空者，求之人海中乎？故天下无理有理须求之本心，天下无真伪是非，返诸心乃有真伪是非，不然者则理无标准，真伪是非无定律，吾辈从何处求之耶？不知真理将何以知义利、善恶、天理、人欲之分乎？故先生之教性本善也，有理之人心即道心也，惟在人之扩充推广耳。不扩充推广，恻隐之心亦不过为仁之端，不足即为仁之实事。故先生极力讲穷理之学，穷理者，扩充道心之谓也。圣人之所以大过人者，夫岂有他哉，善推其所为而已。

此心此性人皆有之，所以不识者，物欲昏之尔。

有个天理便有个人欲，盖缘这个天理有安顿处，才安顿得不恰好，便有人欲出来。

学者须是革尽人欲，复尽天理，方始是学。

天理人欲此长彼必短，此短彼必长。

以上数条，俱见先生言人欲之质义。所谓明天理人欲二者之分，即使学者知趋吉避凶，去恶就善耳。先生于言人欲处，最为精到。先生不但谓除天理外，即是人欲，使人人竞竞守法，不敢出天理之外；并谓人欲者即天理未安顿好者，则是人人必须守天理，并须知守天理之法，不知守之法则偶一失足，即成为人欲之私，故曰："学者须是革尽人欲复尽天理，方始是学。"盖天理人欲有密切关系，不复天理以灭人欲，则天理蔽；不抑人欲以助天理，则人欲滋，此进则彼退，此退则彼进，毫不可忽略，毫不可苟且，故先生之言此实学道之一关键也。

天理在人，亘古今而不泯，随甚蔽锢，而天理常自若如明珠大贝混杂沙砾中，零星逐时出来，若时打合零星成片断好意思，日长月益，则天理自然纯固，私欲自然消磨。久之不复萌动矣，若专务克治私欲，而不充长善端，则吾心与所谓私欲日相斗敌，纵一时安伏得下，又当复作矣。

此朱子固天理灭人欲之方也。先生既认定天理为吾心所固有，不须如衣裳谷米须在外市得，苟欲存心为善，则善已在吾躬，不须他往，只在人之愿扩充发展与否耳。故曰：“我欲仁斯仁至矣。”初非有所困难，特天下如无有所谓私欲者，则人人皆为善士，亦天下无有所谓善恶之分矣。然天下既已有所谓人欲之私矣，而此人欲之私，乃如窃贼如虐疾，乘虚而入，意情不得其正则私欲出，天理不得其平则私欲出焉，举手投足，动辄得咎，然则为学自不外助天理灭人欲，或黜人欲进天理。二着自均为立身之务，而徒黜人欲，则人欲者非仅谓外诱于物，亦谓内动于心，内动于心者则天理处置之不当也。不认定何者为天理之正，何者为天理之不当而成人欲之私，则徒黜人欲而不明天理，人欲自以为去而仍不得天理之正，虽去犹不去也。故为学既当重省察之工，尤当重存养之功，既当重克己之工，尤当重涵育之功，驱后天之蟊贼，不如养先天之实力以为甲胄，以为干橹，俾蟊贼无从侵入，无由肆其引诱。故学者要着在先认定天理，躬行实践步步为营，久而久之则天性日长，私欲日退，君子道长，小人道消矣。虽然思之思之，毋以此而纵人欲，先生之意正欲进天理以退人欲，非谓置人欲于不顾也。置人欲于不顾，不加剪除，则非真欲存天理者矣。

此心常卓然公正，无有私意便是敬；有些子计较，有些子放慢意思，便是不敬。故曰敬以直内，要无点偏邪。

敬非别是一事，常唤醒此心便是。人是日只鹘鹘突突过了，心都不曾收拾。在里而以敬为主，则内外肃然。

收敛身心，整齐纯一，不恁地放纵便是敬。

近人说敬字时，只是敬君敬亲敬长方着敬字，然则无君无亲无长时将不敬乎？

主一是敬注解。

心无不敬则四体自然收敛，不待十分着意安排，而四体自然舒适，着意安排则难久而生病矣。敬不是万虑置休之谓，只要随事专心，谨畏不放逸耳。

以上数条，为先生言主敬大体，主敬为宋儒有力学说，故节录之不厌其烦，主敬之说，源于程子。黄梨洲曰："涵养须用敬，进学在致知，此伊川正鹄也。"考亭守而勿守见也。主敬大体在收敛身心。孟子曰："学问之道无他，求其放心而已矣。"故为人之学即是心学。世世之讲学者，无非不出收心二字，而收心之法各有见解。程朱则提出一敬字，盖以心无不敬，则整齐纯一，心不外纵，故朱子谓主一即是敬也。夫以敬为收心之要，则若心既收，四体自然收敛，不待着意安排矣；必着意安排，则劳而无功，亦非实学也。然宋儒言敬为静者，朱子故谓敬不是万虑置休之谓，必要专心不放逸，故又谓敬字似畏字也。噫，今日之风俗弊趋于浮嚣，曷不以敬之整齐纯一药之也？今日之人心流于放荡，曷不以敬之专心谨畏药之也？此吾心所以亟彰先生之说者在此类也。

或读书讲明道义，或论古今人物而别其是非，或应接事物而处其当否，皆穷理也。

或先其易者，或先其难者，各随人深浅，譬如千蹊万径，皆可以适国，但得一道而入，则可类推而通其余矣。

如欲为孝，当知所以为孝之道，如何而为奉养之宜，如何而为温凊之节，莫不穷究然后能之，非独守夫孝之一字而可得也。

当知至善之所在，如父止于慈，子止于孝之类，莫不务此，而徒欲泛然以观万物之理，则吾恐其如大军之游骑，出太远而无所归也。

若其用力之方，则或孝之事为之着，或察之念虑之微，或求之文字之中，或索之进论之际，天理在人终有明处，须从明处渐渐推去。

有人说学问只要穷究个大处，则其他皆通。如某正不敢如此说，须是逐旋做将去不成。只用穷究一个，其他更不用管，便都理会得，岂有此理！

讲穷义理须要看得如饥食渴饮，只是平常事，若谈高说妙，便是悬空揣度，去道远矣。

如今更不可别求用力处，只是持敬以穷理而已。

以上数条，俱见先生言穷理之大旨。先生学得力于程子，穷理亦为程子之理，故其补《大学》释“格物致知”章有曰“间尝窃取程子之意，以补之曰所谓致知在格物者，言欲致吾之知，在即物而穷其理也”云云，是足以征也。天下铸人之事难于铸金者，其故一则无勇气，一则无识力，一则无毅力。尝见天下有人焉，持之有故，言之成理，抵掌激昂，舌如电光；一言而山岳崩颓，一呼而风云变色，听其言识为神圣，而观其行则多遗缺。或有人焉，淋漓挥洒，笔扫大军，著书万券，下笔有神。一字曰褒贬严于春秋，论世知人精于月旦，见其文，万言立下似天际之游龙，而即其行则一善未举，见笑于鸠鹊。若尔类者，不可胜数，然犹其上者也。世之口是而心非者，盖亦多矣，未必其心皆特意为奸，虚言娇饰，其多数则实由于知而不行，有为善之心，无为善之力，是曰无勇，其故一也。虽然天下之求铸人者未为少也，顾范金合土，劳力既久，卒不得一适当之模型，则或其技术未精，才力不足，不知铸陶之方，手续未清，全局失败。譬若知父母之当孝，而不知奉养之宜，温情之节；知朋友之当信，而不知交接之礼，规奖之方。则或不得于父母，不信于朋友，是其既知行而未知行之之道，遂至画虎类狗，不得其真相，行之不当，是无识力，其故二也。再进而论之，则天下志行薄弱者多矣。知学之当为，知行之之道，然一日曝之，十日寒之，不能专心致志一气呵成，譬彼舟流，知用楫乘风，而或三里而疲，七里而辍，或逆风激水不能上进，反致下游，则是无恒，行必不久，久必不专，此无毅力，其故三也。程朱欲救此三失，俾铸人有成，遂为之说曰穷理。言穷理则知徒事皮毛，知而不行之，非穷理矣。言穷理则万事万物各有其理，必须穷究其当然，则知无不当，而识力增矣。言穷理则知理贵乎穷，若浮光掠影，行为不专，胸无毅力，自非穷理矣。朱子引格致之道而入之以穷理，其意深矣，其法密矣。

按朱子言穷理之方，著于《大学》，又作或问数千言以明之，而穷理之功用于简言之而证以所言。夫穷理之功可由浅及深，可以类推而通其余。“盖学问之道至复杂也，人事之分至繁碎也，驭之以正由或失之偏，而必遇事审察得其腠理，所谓至于用力之久，而一旦豁然贯通焉，则众物之表里精粗无不到，而吾心之全体大用无不明矣。”（《大学》补传语）此则穷理之极轨也。故穷理之功，极于豁然贯通，而收效于推阐扩充，故《朱子语类》有曰：所谓穷理者，各有个事物底道理，穷之须要周尽，若见得一边，不见一边，便不该通，穷之未得更须款曲推明。盖天理在人，终有明处，须从明处渐渐推去云云，则朱子所谓穷理，初无分于慎独，而其终亦自有神境，非如世人所讥之浅近支离也，不由穷理之道而使学者措心于言语文字之外，而曰道必如是者，朱子之所不为也。

又按世讥之朱子之学者，大都谓穷理之学太烦，此不知势之言也。穷理之言，似大而无味，而自有妙用。夫人之欲性莫近小人而远君子，莫不好逸而恶劳，好谀而恶直，好高大而恶中庸，于是人每失于不自觉，如不常加以鞭策，制以绝索，则心若野马不失其驰者，鲜矣。穷理之方使人事事加意，犹鞭策绳索之于马也，控驭之而不使外逸，久之其马安之若素，则其功成矣。故穷理之方毫无流毒，外似迂阔，内实精到。夫世之厌其烦者，每称阳明之学，此则好高骛远之心也。阳明良知之学自无可议，不过其步太远，其速太大，马之行此常虞颠蹶，非万全之方也。故言穷理者，如刻鹄类鹜，犹相近也。若言良知，则恐画虎类狗貌相远也。况时至今日，不惧士气之不振，而惧士气之不定；不惧人心之太朴，而惧人心之太华；不惧风俗之暗弱，而惧风俗之嚣张。故教民以高明之言，不如以沉潜之言为得也，行阳明之学，不如行朱子之学为安也，非必朱子之胜如阳明也，时势则然也。虽然说者又曰：穷理之方虽万全无流弊，而本心之明究非穷理之可为，穷理可常行省察之功，而不有涵养之实，不知朱子之言穷理致知反躬实践，而总之以主敬。主敬者，涵养身心之方也。有穷理以致其知，而又主敬以养其心，则表里相济，精粗俱到，此朱子学之大体也。

为学之道，莫先于穷理，穷理之要心在于读书。

读书且就平易明白有事迹可按据处看取道理，体面涵养德性本原。

学固不在读书，然不读书则义理无由明。

取其一书自首至尾日之所玩，不过一二章，心念躬行若不知有他书者。

此数条俱见朱子言读书之要。义理之学，周子主静，明道进以敬，伊川复进以穷理，朱子亟言主敬穷理而复益于读，以读书为穷理之方。薛敬轩谓穷理，读书得之最多是也，所谓以古为鉴也。书之所言，俱古人教人为人之道，而平易明白之书如《论语》《孟子》更为圣贤之名言，苟体会人微，则书中之理自均移为吾心中之理，《论语》《孟子》非孔孟之书，而为吾腹中之藏矣。吾人日常读书顾常读过而心中不留迹影，读若未读者，则何取手读书耶？进而言之，吾人读书而不得一书之用，惟知书之当然，而不知书之何以当读，知理之甚精，而不知理之可为我用，则是不能体会入微，又不能取而实践，读书而无益于己者，则何贵于读书耶？此所以朱子言读书之方，而告人以心念躬行四字也。

如说仁义礼智，曾认得自家如何是仁，如何是义，如何是礼，如何是智，须是著身己体认得。

默而识之，学不厌，教不倦，今学者须将此三句时时省察，我还能默识否？我学还不厌否？我教还不倦否？

且如居处恭执事敬与人忠，虽之夷狄不可弃也与。言忠信行笃敬，虽貊之邦行矣；言不忠信行不笃敬，虽州里行乎哉？此二事须是日日粘放心头，不可有些亏欠处。

世俗之学所以与圣贤不同者，亦不难见，圣贤直是真个去做。说正心，直要正心，说诚意，直要意诚，修身齐家皆非空言。今学者说正心，但将正心吟咏一晌，说诚意，又将诚意吟咏一晌，说修身，又将圣贤许多说修身处讽诵而已。或掇拾言语，缀辑时文，如此为学，却于自家身上有何交涉？

《书》上说毋不敬，自家口读毋不敬，身心自恁地怠慢放肆；《诗》上说思无邪，自家口读思无邪，心里胡思乱想，这不是读书。

直须抖擞精神，莫要昏钝，如救火治病然，岂可悠悠岁月。

以上为朱子讲反躬实践之大。凡今之学者之异，一曰为己，一曰为人。所谓古之学者待己也重以周，待人也轻以薄；今之学者待己也轻以薄，而责人重以周也。反躬实践为己之学也，责己重以周者也。孟施舍之养勇也，首在自反，养勇犹然，矧为学耶。自胜者强，古有明戒，人欲图强而不反躬实践，犹缘木而求鱼也。凡人不知反躬实践者，一则乏毅力，一则无恒心。乏毅力则知恶而不去，知善而不为，无恒心则去恶必不尽，为善必不力耳。用是二因，生二恶果，一曰嫉，一曰骄，骄嫉之过俱不反躬实践也。夫不察己之过，而不知人之善，则久之必视天下皆无有是处，流于刻薄，流于昏愦；于是知人之有善，则痛心疾首，必败坏之而后快，此嫉之甚而流弊不堪矣。夫不察人之善，而惟称己之善，则久之必视己无一恶，天下之内除我而外无善人，流于狂躁，流于轻浮；于是即或知我有恶，亦只得昧心塞良，极力掩善，不使人知，而文过之习成，此骄之甚而流弊之不可说也。故骄与嫉者，人类之蟊贼也，社会中之破坏家也，国家天下之恶魔炸药也。以此布之田亩，则嘉禾变为稗败，以此置之川流，则甘露变为鸩毒，败坏人类之武器手枪乎炸弹乎，当皆望尘莫及矣。虽然有破坏家自有建设家，有鸩毒自有苓参，有嫉骄之贼，人心自有反躬实践之可以挽救，向使一人知反躬实践，则天下多一善士，人人知反躬实践，则天下将无恶人。盖仁义礼智四端，皆在于我者，人性本善，近取即是，反躬实践即得本，无用深探，更无用他求，故人类之福星，即在人类之一身，非必他求也。昔王阳明先生闻市上甲乙二人争，甲言乙无天理欺良心，乙言甲无天理欺良心，先生谓其弟子曰：听之，彼二人在讲学也。弟子曰：争耳，何讲学？先生曰：言天理言心，非讲学也耶？惟彼二人知争而不知反躬以求而行之耳。善哉！善哉！此正为天下之人写照也。天下之人俱有作圣之材力之机会，而不行之，而不求此反躬实践之福星，此所以善人少而恶人多。民德不能追，风俗不能厚，而人类之魔障毒药终不能除也。可惜莫此为甚。

学者习于持敬之约，而厌夫观理之烦。

看来别无道理，只有个是非，若不理会得是非分明，便不成人。这个是处，便是人立脚地，向前去虽然更有里面仔细处要知，大源头只在这里。

敬有死敬有活敬，若只守着主一之敬，遇事不济之以义，辨其是非，则不活。（朱子谓主一为敬字注解）

以上三条言主敬及穷理。第一条言主敬穷理二者并行不悖，第二条乃言心有主张乃能修养。心有主张，所谓大源头，所谓主敬也。修养，所谓里面仔细处，所谓穷理也。第三条，则谓主敬虽所以收心而非慎思明辨不足以济物。思辨者，穷理也。

持敬读书只是一事，而表里各用力耳。

初学于敬不能无间断，就读书上体认可唤转来。

读书已是第二义，盖人生道理合下完具，所以要读书者，盖是未曾经历见许多。圣人是经历见得许多，所以写与人看，而今读书只是要见得许多道理，及理会得皆成为己有，不是外来者矣。

穷理之要在于读书。

曰何必读书，自有个捷径，便是误人。

以上五条言读书之用，以明读书之于主敬穷理。既言主敬，而读书亦可发明心性道理。故主敬为里，而读书为表。第三条则言穷理之道为里，而读书为表。故读书为穷理工夫之一，为所以穷理之具，非谓读书为可有可不有也。故又谓穷理在乎读书，而不读书则误人也。

敬字不可只把做一个敬字说过，须于日用间体认，看是如何，故曰敬以直内要得无一点偏邪。

敬只要随事专心谨畏不放逸耳。

且穷实理今有切己工夫，若只泛穷天下之理，不务切己，即是遗书所谓游骑无所归矣。

学者观书先须一一认得，如自己做来的一般。

读书看取道理，涵养德性本原。

以上五条，见无事不须反躬实践，惟其无事不可不实践，所以主敬，主敬者所以收本心之明，所以得天性之真，不日日实地体认，则不知果主敬而未间断否，惟其不可不实践也，故必穷理。穷理者所以观察事物之表里精粗而靳见诸实行也。惟其不可不实践，故又不可不读书，读书者，所以穷理也，所以以古人之言为一身之法式，是则是效不可不能诸实行也。此五条之大意也。

综上三段，虽不能谓见朱子之学之大全，亦可以知其学之概要矣。朱子之学，理学中之最细密者，所谓物之里表精粗无不到，身之全体大用无不明，是以《宋儒学案》谓先生之学，全体大用兼综条贯，表里精粗交底于极也。由此则所以朱子之学后人谓之迂阔，后人病其支离也，是岂朱子之迂阔支离耶？殆未之深察可厥申其说。

夫朱子之道何为而若是之深密也？何为而若是之复杂也？何为而若是之似迂阔也？何为而若是之似支离也？是皆朱子之苦心也，是皆朱子之深意也。夫创一特殊之学说必有其特点，而此特点者或因时势，或因人情，而发挥光大一种之特质。朱子之说深密复杂似迂阔，似支离者，正朱子之学之特质。知我罪我，精微大义在是，而其流于繁琐空言者亦在是。虽然朱子之说，若学者竭力行之不失故步，则将为最完全最安全之学术，而学者每不察大体大用，使如五雀六燕，其衡为均而顾不能不有偏重；而朱子之学乃为世人所议论，谓为迂阔支离，谓为繁琐，空九泉之下朱子有知，是岂其所及料而承认之耶？即如阳明之学臧否兼半，而阳明之学黜百魔定一尊，良知良能，切实光辉，已扫一切，示人以求端用力之要，震霆启昧，烈耀破迷，宜若可以免于流弊矣。然而学者唯心太甚，流于荒诞妄为，不顾细行，不恤人言，阳明之学至李卓吾等一派而大决裂，以致其始，徒侣遍天下，学说风动一时。明祚未终，而谈者辄疾首痛心恶之矣。故吾国不患无学术，不患无高尚之学说，而勇于开山难于守成，勇于发扬而难于光大；时至今日，数千年文明之古国亦遂学绝道丧，寂寂无人矣，未尝非学者之罪也。

夫世之讥朱子之学者，谓其支离迂阔，盖见其穷理之说，见其实践之说，而不知穷理实践之归于主敬也。主敬者，治心之法，穷理者，守心之工夫也，治心之法专于一，守心之道专赖于事物。天下事物至多也，而穷理之事亦多矣；天下之事至琐细也，而穷理之方乃亦不得不琐细矣。穷理之烦正朱子欲其道之完备也，正朱子大欲其道之安全也，正朱子欲行之无失，心之不放也。夫学者固常欲为善而恶恶矣，而顾常行为越规矩者，非其知而为之也，亦非其不知而为之也。当其为之时，未必不思之而欲其不逾矩，顾见理未深而遂失之，此则徒主敬之不可为学也，故必以穷理辅之，穷理固持敬之辅助耳，而持敬主一之说固绝不支离也。朱子论心性之处，陈言甚高，比之阳明之良知说甚同，阳明专任天性，而朱子乃惧其不足进以穷理思精，而人以为破碎矣。

读书之说，朱子最后之学说，益精密而益复杂矣。朱子之为学，必求其安，必求其实。安者欲其无缺而不致流于怪妄也，实者欲其有象而有法可寻也。夫空言提出穷理二字，则学者不知其所以，故进之以穷理之方，而穷理甚多，或得之讲论，或得之阅事。然讲论有时而乖，阅事有时可误，故特进之以读书。读书之中有以比较，有上下，有异同，有得失，可见微知着，可因小成大，绝无偏于一方一面之流弊，学者诚能深察心会，则道在其中矣。何事他求乎？

穷理读书既精且密矣，而朱子犹以为未也，犹未必人之必行，故复外加以反躬实践之说。夫穷理读书而不反躬实践，则如食而不化也，非徒无益，恐又害之，故朱子之提倡反躬实践，为其学说作安全之干橹甲胄也。既穷理矣，而以读书为其一定之功夫，又以反躬实践为坚确之辅助，其纲其领固一归之于敬，以此推之，则朱子之学非支离迂阔者矣。朱子之学不支离迂阔，而世人固谓其支离迂阔者，则见其精密而谓其支离，见其中庸而谓其迂阔，今日之士遂称王学而弃朱子矣。夫社会之病，固不在支离迂阔也，以王学治之，犹水济水，不如行平正之学为得，此余阐王进朱子之微意也。

三、申论

吾国于世界上号称开化最早，文化学术均为本国之产，毫不假外求，即或外力内渐，吾国民亦常以本国之精神使之同化，而理学尤见吾国之特性。宋室以来，人心风俗进退消长，厚薄之本末，天下国家安危兴替治乱之因果，均执于讲学者之手。自胡文定之后，鹅湖白鹿风靡天下，如是天下之秀咸趋而进教于讲学者之门。于是乃无事（而非讲学），遇富贵，在富贵上作工夫，遇贫贱，在贫贱上做工夫（朱子语）。自始及终夙夕罔懈，其向上之猛非徒在口舌上。夫逸居安业可矣，而彼辈曷若是之遑遑也？盖一则贤者自立之志坚，聚精会神风发泉涌以求为善，一则贤者救世之心苦，先知先觉欲求天下之人同登道域，仁心仁德报社会之知遇，尽一己之天职，此则又其大者也。故曩者一代精神集乎讲学。理学中之大者曰程朱，曰陆王。程子沉潜，至晦庵而其学益密，陆子高明，至阳明而其学益精，一则酿有宋一朝之学风，一则酝有明一代之文化，是皆讲学之力也。时至今日，上无礼下无学，朝无鲠直之臣，野无守正之士，加以西风东渐，数千年之藩篱几破坏于一旦，而自由平等之说哄动天下之人心，旧学既衰，新学不明，青黄不接，岌岌可危。噫，伏生之不作，谁抱遗经？孟子之不出，胡闲圣道？潮流荡漾水生黑海之波，风云变幻雨洒西方之粟，名世者之不出，苍生益陷于涂炭，于是乃风俗猖披，人情诡诡，奸伪阴险书尽南山之竹，暴戾恣睢洗秽东海之波。虽然犹有望也，青年学子天性未凿，人欲未滋，今日之书生后日之栋梁也。中国而亡则已，不亡则学生之赐必矣。虽然年来，青年界之趋势日即于败，是则尤可痛心者也。其原因则道德之不修也，学问之不讲也，爰列社会及青年现在之趋势，针以我国之理学，申引朱王之学说，明其得失，详其利害，以备最有希望之清华同人观览焉。

执途人而问之曰，吾国人民如此其众也，土地如此其大而丰饶也，而外国顾如此之欺凌我者何耶？则皆将应之曰：彼强我弱，弱役强者，势也。善哉，善哉，中国之危中国人之弱也。中国朝野上下无不犯一弱字，洪范六极之一曰弱，弱之不能存，于天然淘汰之中久矣。恹恹暮气弥漫于国中，欲国之不亡不可得也。吾国士大夫以弱为文，体质之逊于外人，讳无可讳，个人体质之弱实与国力有绝大关系，而为种族无穷之隐忧，至于精神上之弱，尤可触目心寒。精神上之弱，大别为二，一曰荒惰，一曰无恒，二者为吾国百事不整之原因。如工业，如商，如农，作辍无常，习于荒怠，而且未葸退缩，因循不振，而全国人望之莘莘。学子亦有此现象，何以知其然也？夫观之既往而知之矣，学校之开创久矣，学者之成就众矣，而国中所谓能力者，百不得一焉，求所谓才士者，千不得一焉。求柱石栋梁能一身任国家之重者，遍国而可数也。是则学人之多而有用者之少也。夫圆颅方趾皆人也，无人不可以有为也，而无人可有为者，其自暴自弃也，自暴自弃，荒惰之风为之也。夫吾人就学之初，莫不意气逼人，国手自况，而英爽之气恒与时光为反比例，亦若光阴为石，豪气为铁，愈久而愈消磨矣。是则或无自信力，或无勇气，而皆因无恒之习为之也。

故吾辈有志救国不可不发愤图强，发愤图强不可不除偷怠之风，除偷怠之风不可不求鞭辟入里之学，求鞭辟入里之学，求之于外国之不合国性，毋宁求之本国。本国之学术实在孔子。孔德之言心性者，实曰理学。况治弱病，必择学术中之最谨严，行动言语之间丝毫不使放松，无可推诿无可怠惰，日日慎独，时时省身则可。如此之学术舍理学外罕见其他，故理学者医弱症之良方也。而晦庵、阳明又理学中之巨子，晦庵之反躬实践，无时无地不用工夫，斯非正弱之反而耶？而阳明之知行合一，即知即行，而不行即是未知，何等坚确，何等专一，为荒惰无恒者之绝好针砭。故欲救吾国精神上之弱，吾愿乞灵于朱子之学。今日人心之大患既在乎弱矣，青年学者志行亦既流于薄矣，志行薄弱者，无定主无精神之谓。夫既体乏精神，胸无定主，则如能潜伏不动，不鲁莽决裂，则患当少杀而祸可稍缓；而今日之所谓青年者，恒吹气如虹，光芒万丈，是固无足怪，吾辈生不逢困乏，不知挫折，得天独厚不知其艰难也。顾此风益长，吾国益惫。盖以薄弱之心胸随嚣张之乱风，加以新风之潮流，于是人心如水然，决诸东方则东流，决诸西方则西流，波澜起伏，毫无定主，全不可依赖者也。故无敌力而热心者徒偾事也。昔者希腊将亡也，其国民竭其全力以抗马其顿，然而败者热心而无敌力盾其后也；若近来朝鲜之将灭也，为银行交涉，慷慨激昂开会而至者数万人，然而未有补于国也，不旋踵且为日并矣。吾国自海禁大开之后，欧风美雨咄咄逼人，于是乃有爱国之士出，于是乃有热心之士出，举笔则山岳崩颓，抵掌则风云变色，是宜可以救亡矣，而国何犹至于此极也？盖热心爱国者当出之以镇定，当继之以实力，自由平等者当衡之于法律，更当尤之以学问，若在就学之年则魄力未壮，胡可操刀以割耶？故吾辈视之为自由平等者，人见之以为放恣，以中无实学故也。欲求实学，欲求毅力首在道德，求之本国，舍朱王何以哉！

今日人心既患嚣张矣，顾又加之以虚浮圆滑之手段，漂亮之学问，习焉不察，毫不为怪，本国之人相欺以伪，文字之上冠冕堂皇，以腹之中艰窘特甚，奢侈轻躁，施施然且自得也。回顾而及今日之学生，则虚浮之习尤不能免，其故则物质之文明，日日回旋于其脑中，耳目之官，心智之思，俱不见他物，惟见机械之巧，器物之精，分秒之中无不思发达其心智，长育其体魄，而人身之源，人类之英世之所谓心性之学者，乃无暇入其心中。夫骛于技巧之途而人心趋于诡诈，驰于精美之域而人心流于侈靡，势也，亦宜也。故欲救轻浮之弊，必先去其机械侈靡之心，而使之及于真正之心理文明，则物质文明相得而彰，可大可久矣。心学理学固以朱王为巨擘，盍试亦求之欤？

夫志行既薄弱矣，又加之以嚣张，既嚣张矣，又加之以虚浮，而嚣张虚浮之外又有种种恶习劣点，此则俱或由于志行之不坚，习气之不戢，人心之轻躁；然除此而外则又或根于第四原因者，则不明事势，遇事无科学上之一定之观察是也。盖人未有不自足，而称人之恶者，未有不讥人而詈己之善者，此则未必皆出于骄嫉之念，亦有其病在一蔽字。人若不自知耳，知之则可以改之矣，知之而不改者有之矣，不知而不知以改者，未尝不多也。不明理势则或本一以概，凡见邱山而毫末，见夭殇而寿期颐，或执一而忘百，胶柱而鼓瑟，刻舟以求剑，不衡轻重，不察小大，不论缓急，不究先后，是以胸中无一定主张，遇事则茫然不知其所可。英人之言曰，日光之所以不没于英国之国土者，盖以英人遇一事有事前之成见，有临时之规划，每至一地，无论有法人有德人，而英人可使之俯首就范，以吾人精神秩序较若辈为强也。西国史学家之论亚历山大帝之战也，谓其有战前之预筹，临事之机变，是以战无不胜，攻无不取。故欲大有为者，非有清醒之头脑，正确之思想不可。而吾国一班士夫则尤弱于此，不明理势，散布其害种恶果遍国中。而及于吾辈青年者，则二事为大。二者为何？一则偏于理想，一则偏于表面是也。

偏于理想者何也？盖尝论之，方吾辈年少气盛，未尝不以未来之国士自许，虽然及其出而仕重责计大事，则其恢恢有余者鲜，其可以砥柱一时者鲜，则岂其志气之尽消磨哉。何其虎头而蛇尾耶？盖国士盖亦有国士之道耳，向使在一人意气，其盛之日执而问之曰：如何而可谓之国士？为国士须如何作为？如何手续？则类皆张目结舌而不知所以对。盖平时固未尝念及此，即念及此而未尝有线索、有法则、有利学上之思想论断故也。矧平日所学，不过发达心智，未发助其任事才力哉，任事之才力虽或得之于经验，亦可得之于学问。盖如取学问，挹其精华而使其为我所有，则亦可以增进才力，遇事可不至张皇矣。

偏于表面者何也？盖吾辈类无深入之理想，取毛取皮而不究其根源，即如今日国学之不振，亦未尝非由于此病。自西化东渐，吾国士夫震焉不察，昧于西学之真谛，忽于国学之精神，遂神圣欧美，顶礼欧学，以为凡事今长于古，而西优于中，数典忘祖莫此为甚，则奴吾人、奴吾国并奴我国之精神矣。是非不明，理势之又一大病耶，知其病则宜常以心目共同观察，遇事遇物随地留心，精于断制，工于取法，若此则全为朱子穷理之学。故治朱子穷理之学者，后日成功之张本也。

记者以《理学谵言》与同学诸君见者，半载于兹矣。今也时当春令为一岁之首，送尽严冬，催残腊鼓，是时也。诸君类当有一岁之新，猷新谋，而于身心之际，尤当首加以省察，固不必朱子，不必阳明，而要以道德为指归，以正确之目光坚强之心胸为准的，树德务滋，除恶务尽，自强自胜，则虽未学晦庵阳明之学，亦实晦庵阳明之所许也。记者之作《理学谵言》亦非欲人人从二人之学，实仅欲明道德之要，以贡献于诸君之前，聊尽一得之愚云耳。

1914年9月至1915年1月
《清华周刊》第13—29期

知行总论

孙中山

总而论之，有此十证（即《建国方略·行易知难》第一至四章所论“饮食”“用钱”“作文”“建屋”“造船”“筑城”“开河”“电学”“化学”“进化”十证——编者注）以为“行易知难”之铁案，则“知之非艰，行之惟艰”之古说，与阳明“知行合一”之格言，皆可从根本上而推翻之矣。

或曰：“行易知难之十证，于事功上诚无间言，而于心性上之知行，恐非尽然也。”吾于此请以孟子之说证之。《孟子》“尽心”章曰：“行之而不着焉，习矣而不察焉，终身由之而不知其道者，众也。”此正指心性而言也。由是而知“行易知难”，实为宇宙间之真理，施之于事功，施之于心性，莫不皆然也。若夫阳明“知行合一”之说，即所以勉人为善者也。推其意，彼亦以为“知之非艰”，而“行之惟艰”也；惟以人之上进，必当努力实行，虽难有所不畏，既知之则当行之，故勉人以为其难。遂倡为“知行合一”之说曰：“即知即行，知而不行，是为不知。”其勉人为善之心，诚为良苦。无如其说与真理背驰，以难为易，以易为难，勉人以难，实与人性相反。是前之能“行之而不著焉，习矣而不察焉，终身由之而不知其道者”，今反为此说所误，而顿生畏难之心，而不敢行矣。此阳明之说，虽为学者传诵一时，而究无补于世道人心也。

或曰：“日本维新之业，全得阳明学说之功，而东邦人士咸信为然，故推尊阳明极为隆重。”不知日本维新之前，犹是封建时代，其俗去古未远，朝气尚存；忽遇外患凭凌，幕府无措，有志之士激于义愤，于是倡尊王攘夷之说以鼓动国人。是犹义和团之倡扶清灭洋，同一步调也。所异者，则时势有幸有不幸耳。及其攘夷不就，则转而师夷，而维新之业乃全得师夷之功。是日本之维新，皆成于行之而不知其道者，与阳明“知行合一”之说实风马牛之不相及也。倘“知行合一”之说果有功于日本之维新，则亦必能救中国之积弱，何以中国学者同是尊重阳明，而效果异趣也。此由于中国习俗去古已远，暮气太深，顾虑之念，畏难之心，较新进文明之人为尤甚。故日本之维新，不求知而便行。中国之变法，则非先知而不肯行，及其既知也，而犹畏难而不敢行，盖误于以行之较知之为尤难故也。夫维新变法，国之大事也，多有不能前知者，必待行之成之而后乃能知之也。是故日本之维新，多赖冒险精神，不先求知而行之；及其成功也，乃名之曰维新而已。中国之变法，必先求知而后行，而知永不能得，则行永无其期也。由是观之，阳明“知行合一”之说，不过不能阻朝气方新之日本耳，未尝有以助之也；而施之暮气既深之中国，则适足以害之矣。夫“知行合一”之说，若于科学既发明之世，指一时代一事业而言，则甚为适当；然阳明乃合知行于一人之身，则殊不通于今日矣。以科学愈明，则一人之知行相去愈远，不独知者不必自行，行者不必自知，即同为一知一行，而以经济学分工专职之理施之，亦有分知分行者也。然则阳明“知行合一”之说，不合于实践之科学也。

予之所以不惮其烦，连篇累牍以求发明“行易知难”之理者，盖以此为救中国必由之道也。夫中国近代之积弱不振、奄奄待毙者，实为“知之非艰，行之惟艰”一说误之也。此说深中于学者之心理，由学者而传于群众，则以难为易，以易为难。遂使暮气畏难之中国，畏其所不当畏，而不畏其所当畏。由是易者则避而远之，而难者又趋而近之。始则欲求知而后行，及其知之不可得也，则惟有望洋兴叹，而放去一切而已。间有不屈不挠之士，费尽生平之力以求得一知者，而又以行之为尤难，则虽知之而仍不敢行之。如是不知固不欲行，而知之又不敢行，则天下事无可为者矣。此中国积弱衰败之原因也。夫畏难本无害也，正以有畏难之心，乃适足导人于节劳省事，以取效呈功。此为经济之原理，亦人生之利便也。惟有难易倒置，使欲趋避者无所适从，斯为害矣。旷观中国有史以来，文明发达之迹，其事昭然若揭也。唐虞三代，甫由草昧而入文明；乃至成周，则文物已臻盛轨，其时之政治制度、道德文章、学术工艺几与近代之欧美并驾齐驱，其进步之速大非秦汉以后所能望尘追迹也。中国由草昧初开之世以至于今，可分为两时期：周以前为一进步时期，周以后为一退步时期。夫人类之进化，当然踵事增华，变本加厉，而后来居上也。乃中国之历史，适与此例相反者，其故何也？此实“知之非艰，行之惟艰”一说有以致之也。三代以前，人类混混噩噩，不识不知，行之而不知其道，是以日起有功，而卒底于成周之治化，此所谓不知而行之时期也。由周而后，人类之觉悟渐生，知识日长，于是渐进而入于欲知而后行之时期矣。适于此时也，“知之非艰，行之惟艰”之说渐中于人心，而中国人几尽忘其远祖所得之知识皆从冒险猛进而来，其始则不知而行之，其继则行之而后知之，其终则因已知而更进于行。古人之得其知也，初或费千百年之时间以行之，而后乃能知之；或费千万人之苦心孤诣，经历试验而后知之。而后人之受之前人也，似于无意中得之。故有以知为易，而以行为难，此直不思而已矣。当此欲知而后行之时代，适中于“知易行难”之说，遂不复以行而求知，因知以进行。此三代而后，中国文化之所以有退无进也。

夫以今人之眼光，以考世界人类之进化，当分为三时期：第一由草昧进文明，为不知而行之时期；第二由文明再进文明，为行而后知之时期；第三自科学发明而后，为知而后行之时期。欧美幸而无“知易行难”之说为其文明之障碍，故能由草昧而进文明，由文明而进于科学。其近代之进化也，不知固行之，而知之更乐行之，此其进行不息，所以得有今日突飞之进步也。当元代时有意大利人马可波罗者，曾游仕中国，致仕后回国著书，述中国当时社会之文明，工商之发达，艺术之进步，欧人见之尚惊为奇绝，以为世界未必有如此文明进化之国也。是犹中国人士于三十年前见张德彝之《四述奇》一书，所志欧洲文明景象，而以为荒唐无稽者同一例也。是知欧洲六百年前之文物，尚不及中国当时远甚。而彼近一二百年来之进步，其突飞速率，有非我梦想所能及也。日本自维新以后五十年来，其社会之文明，学术之发达，工商之进步，不独超过于彼数千年前之进化，且较之欧洲为尤速，此皆科学为之也。自科学发明之后，人类乃始能有具以求其知，故始能进于知而后行之第三时期之进化也。

夫科学者，统系之学也，条理之学也。凡真知特识，必从科学而来也。舍科学而外之所谓知识者，多非真知识也。如中国之习闻，有谓天圆而地方、天动而地静者，此数千年来之思想见识，习为自然，无复有知其非者，然若以科学按之以考其实，则有大谬不然者也。又吾俗呼养子为螟蛉，盖有取于蜾蠃变螟蛉之义。古籍所传，螟蛉桑虫也，蜾蠃蜂虫也，蜂虫无子，取桑虫蔽而殪之，幽而养之，祝曰“类我，类我”，久则化而成蜂虫云。吾人以肉眼骤察之，亦必得同等之判决也。惟以科学之统系考之，物类之变化未有若是其突然者也。若加以理则之视察，将蜾蠃之“取螟蛉，蔽而殪之，幽而养之”之事，集其数起，别其日数，而同时考验之。又以其一起分日考验之，以观其变态。则知蜾蠃之取螟蛉，蔽而殪之是也，幽而养之非也。蔽而殪之之后，蜾蠃则生卵于螟蛉之体中，及蜾蠃之子长，则以螟蛉之体为粮。所谓幽而养之者，即幽螟蛉以养蜾蠃之子也。是蜾蠃并未变螟蛉为己子也，不过以螟蛉之肉，为己子之粮耳。由此事之发明，令吾人证明一医学之妙术，为蜾蠃行之在人类之先，即用蒙药是也。夫蜾蠃之蔽螟蛉于泥窝之中，即用其蜂螫以灌其毒于螟蛉之脑髓而蒙之，使之醉而不死，活而不动也。若螟蛉立死，则其体即成腐败，不适于为粮矣。若尚生而能动，则必破泥窝而出，而蜾蠃之卵亦必因而破坏，难以保存以待长矣。是故为蜾蠃者，为需要所迫，而创蒙药之术以施之于螟蛉。夫蒙药之术，西医用之以治病者尚不满百年，而不期蜾蠃之用之，已不知几何年代矣。由此观之，凡为需要所迫，不独人类能应运而出，创造发明，即物类亦有此良能也。是行之易，知之难，人类有之，物类亦然。惟人类则终有觉悟之希望，而物类则永无能知之期也。吾国人所谓“知之非艰”，其所知者大都类于天圆地方、天动地静、螟蛉为子之事耳。

夫人群之进化，以时考之，则分为三时期，如上所述：曰不知而行之时期，曰行而后知之时期，曰知而后行之时期。而以人言之，则有三系焉：其一先知先觉者，为创造发明；其二后知后觉者，为仿效推行；其三不知不觉者，为竭力乐成。有此三系人相需为用，则大禹之九河可疏，秦皇之长城能筑也。乃后世之人，误于“知之非艰”之说，虽有先知先觉者之发明，而后知后觉者每以为知之易而忽略之，不独不为之仿效推行，且目之为理想难行，于是不知不觉者则无由为之竭力乐成矣。所以秦汉以后之事功，无一能比于大禹之九河与始皇之长城者，此也。岂不可慨哉！

方今革命造端之始，开吾国数千年来未有之局，又适为科学昌明之时，知之则必能行之，知之则更易行之。以我四万万优秀文明之民族，据有四百二十七万方米之土地较之日本前有土地不过十四万余方米，今有土地亦不过二十六万方米耳，为世界独一广大之富源，正所谓以有为之人，据有为之地，而遇有为之时者也。倘使我国之后知后觉者，能毅然打破“知之非艰，行之惟艰”之迷信，而奋起以仿效，推行革命之三民主义、五权宪法，而建设一世界最文明进步之中华民国，诚有如反掌之易也。如有河汉予言者，即请以美国之革命与日本之维新以证之。

夫美国之革命，以三百万人据大西洋沿岸十三州之地，与英国苦战八年，乃得脱英之羁厄而独立。其地为蛮荒大陆，内有红番之抵拒，外有强敌之侵凌，筚路蓝缕，开始经营，其时科学尚未大明。其地位，其时机，则万不如我今日之优美也。其建国之资，可为之具，又万不如我今日之丰富也。其人数，则不及我今日百分之一也。然其三百万之众，皆具冒险之精神，远大之壮志，奋发有为，积极猛进。故自一千七百七十六年七月四日宣布独立，至今民国八年，为时不过一百四十三年耳，而美国已成为世界第一富强之国矣。日本维新之初，人口不及我十分之一，其土地则不及我四川一省之大，其当时之知识学问尚远不如我之今日也。然能幡然觉悟，知锁国之非计，立变攘夷为师夷，聘用各国人才，采取欧美良法，力图改革。美国需百余年而达于强盛之地位者，日本不过五十年，直三分之一时间耳。准此以推，中国欲达于富强之地位，不过十年已足矣。

或犹不信者，请观于暹罗之维新。暹罗向本中国藩属之一，土地约等于四川一省，人口不过八百万，其中为华侨子孙者约二三百万，余皆半开化之蛮族耳。论其人民之知识，则万不及中国，其全国之工商事业悉操于华侨之手。论其国势，则界于英法两强领土之间，疆土日削，二十年前几岌岌可危，朝不保夕。其王室亲近，乃骤然发奋为雄，仿日本之维新，聘用外才，采行西法，至今不过十余年，则全国景象为之一新，文化蒸蒸日上。今则居然亚东一完全独立国，而国际之地位竟驾乎中国之上矣。今日亚东之独立国只有日本与暹罗耳，中国尚未得称为完全之独立国也，只得谓之为半独立国而已。盖吾国之境内尚有他国之租界，有他国之治权，吾之海关犹握于外人之手，日本、暹罗则完全脱离此羁厄也。是知暹罗之维新，比之日本更速；暹罗能之，则中国更无不能矣。道在行之而已。

学者至此，想当了然于行之易而知之难矣。故天下事惟患于不能知耳，倘能由科学之理则以求得其真知，则行之决无所难，此已十数回翻覆证明，无可疑义矣。然则行之之道为何？即全在后知后觉者之不自惑以惑人而已。上所谓文明之进化，成于三系之人：其一、先知先觉者即发明家也，其二、后知后觉者即鼓吹家也，其三、不知不觉者即实行家也。由此观之，中国不患无实行家，盖林林总总者皆是也。乃吾党之士有言曰：某也理想家也，某也实行家也。其以二三人可为改革国事之实行家，真谬误之甚也。不观今之外人在上海所建设之宏大工厂、繁盛市街、崇伟楼阁，其实行家皆中国之工人也，而外人不过为理想家、计划家而已，并未有躬亲实行其建设之事也。故为一国之经营建设所难得者，非实行家也，乃理想家、计划家也。而中国之后知后觉者，皆重实行而轻理想矣。是犹治化学，而崇拜三家村之豆腐公，而忽于裴在辂、巴斯德等宿学也。是犹治医学，而崇拜蜂虫之蜾蠃，而忽于发明蒙药之名医也。盖豆腐公为生物化学之实行家，而蜾蠃为蒙药之实行家也，有是理乎？乃今之后知后觉者，悉中此病，所以不能鼓吹舆论、倡导文明，而反足混乱是非、阻碍进化也。是故革命以来，而建设事业不能进行者，此也。予于是乎不得不彻底详辟，欲使后知后觉者了然于向来之迷误，而翻然改图，不再为似是而非之说以惑世，而阻挠吾林林总总之实行家，则建设前途大有希望矣。

《建国方略·行易知难》第五章

王阳明知行合一之教

梁启超

第一章　引论

现在（尤其是中国的现在）学校式的教育，种种缺点，不能为讳。其最显著者，学校变成“知识贩卖所”。办得坏的不用说，就算顶好的吧，只是一间发行知识的“先施公司”。教师是掌柜的，学生是主顾客人。顶好的学生天天以“吃书”为职业，吃上几年，肚子里的书装的像蛊胀一般，便算毕业。毕业以后，对于社会上实际情形不知相去几万里。想要把所学见诸实用，恰与宋儒高谈“井田封建”无异，永远只管说不管做。再讲到修养身心磨练人格那方面的学问，越发是等于零了。学校固然不注意，即使注意到，也没有人去教。教的人也没有自己确信的方法来应用，只好把他搁在一边拉倒。青年们稍为有点志气对于自己前途切实打主意的，当然不满意于这种畸形教育。但无法自拔出来，只好自己安慰自己说道，“等我把知识的罐头装满了之后，再慢慢的修养身心以及讲求种种社会实务吧”。其实哪里有这回事？就修养方面论，把“可塑性”最强的青年时代白白过了。到毕业出校时，品格已经成型，极难改进。投身到万恶社会中，像洪炉燎毛一般，拢着边便化为灰烬；就实习方面论，在学校里养成空腹高心的习惯，与社会实情格格不人，到底成为一个书呆子，一个高等无业游民完事。青年们啊！你感觉这种苦痛吗？你发见这种危险吗？我告诉你唯一的救济法门，就是依着王阳明知行合一之教做去。

知行合一是一个“讲学宗旨”。黄梨洲说：“大凡学有宗旨，是其人之得力处，亦即学者之入门处。天下之义理无穷，苟非定以一二字，如何约之使其在我？”（《<明儒学案>发凡》）所谓“宗旨”者，标举一两个字或一两句话头，包举其学术精神之全部，旗帜鲜明令人一望而知为某派学术的特色。正如现代政治运动社会运动之“喝口号”，令群众得个把柄，集中他们的注意力，则成功自易。凡讲学大师标出一个宗旨，他自己必几经实验，痛下苦功，见得真切，终能拈出来，所以说是“其人得力处”。这位大师既已循着这条路成就他的学问，他把自己阅历甘苦指示我们，我们跟着他的路走下去，当然可以事半功倍而得和他相等的结果，所以说是“即学者入门处”。这种“口号式”的讲学法，宋代始萌芽，至明代而极成。“知行合一”便是明代第一位大师王阳明先生给我学术史上留下最有名而且最有价值的一个口号。

口号之成立及传播，要具备下列各种要素：（一）语句要简单，令人便于记忆，便于持守，便于宣传。（二）意义要明确，明，谓显浅，令人一望而了解；确，谓严正，不含糊模棱以生误会。(三)内容要丰富，在简单的语句里头能容得多方面的解释，而且愈追求可以愈深入。(四)刺激力要强大，令人得着这个口号便能大感动，而且积极得向前奋进。(五)法门要直捷，依着他实行，便立刻有个下手处，而且不管聪明才力之大小，各各都有个下手处。无论政治运动学术运动文艺运动……凡有力的口号，都要如此。在现代学术运动所用口号，还有下列两个消极的要素：(一)不要含宗教性，因为凡近于迷信的东西，都足以阻碍我们理性之自发，而且在现代早已失其感动力。(二)不要带玄学性，因为很玄妙的道理，其真价值如何姑勿论，纵使好极，也不过供极少数人高尚娱乐之具，很难得多数人普遍享用。根据这七个标准来评定中外古今学术之“宗旨”，即学术运动之口号，我以为阳明知行合一这句话，总算最有永久价值而且最适用于现代潮流的了。

阳明所用的口号也不止一个，如“心即理”，如“致良知”，都是他最爱用的，尤其是“致良知”这个口号，他越到晚年叫得越响。此外如“诚意”，如“格物”，都是常用的。骤看起来，好像五花八门，应接不暇，其实他的学问是整个的，是一贯的。翻来覆去，说的只是这一件事。所以我们用“知行合一”这个口号代表他的学术全部，是不会错的，不会遗漏的。

口号须以内容丰富为要素，既如前述。“知行合一”这一句话，望过去像很简单，其实里头所含意义甚复杂甚深邃，所以先要解剖他的内容。

第二章　知行合一说之内容

把知行分为两件事，而且认为知在先行在后，这是一般人易陷的错误。阳明的知行合一说，即专为矫正这种错误而发。但他立论的出发点，今因解释《大学》和朱子有异同，所以欲知他学说的脉络，不能不先把《大学》原文作个引子。

《大学》说："欲修其身者先正其心，欲正其心者先诚其意，欲诚其意者先致其知，致知在格物。"这句话教人以修养身心的方法，在我们学术史上含有重大意味。自朱子特别表彰这篇书，把他编作四书之首，故其价值越发增重了。据朱子说，这是"古人为学次第"（《大学章句》）。要一层一层的做上去，走了第一步才到第二步。内中诚意正心修身是力行的工夫，格物致知是求知的工夫。朱子对于求知工夫看得尤重，他因为《大学》本文对于诚意以下都解释，对于致知格物没有解释，认为是有脱文，于是作了一篇《格致补传》。说道："所谓'致知在格物'者，言欲致吾之知，在即物而穷其理也。盖人心之灵莫不有知，而天下之物莫不有理。惟于理有未穷，故其知有不尽也。是以《大学》始教，必使学者即凡天下之物，莫不因其已知之理而益穷之，以求至乎其极。至于用力之久，而一旦豁然贯通焉，则众物之表里精粗无不到，而吾心之全体大用无不明矣……"依朱子这种用功法，最少犯了下列两种毛病：一是泛滥无归宿，二是空伪无实着。天下事物如此其多，无论何事何物，若想用科学方法"因其已知之理而益穷之以求至乎其极"，单一件已够销磨你一生精力了。朱子却是用"即凡天下之物"这种全称名词，试问何年何月才能"即凡"都"穷"过呢？要先做完这段工夫才讲到诚意正心……那么诚正修齐治平的工作，只好待诸转轮再世了。所以结果是泛滥无归宿。况且朱子所谓"穷理"并非如近代科学家所谓客观的物理，乃是抽象的惝恍无朕的一种东西。所以他说有"一旦豁然贯通则表里精粗无不到"那样的神秘境界。其实那种境界纯是可望不可即的，或者还是自己骗自己。倘若具有这种境界，那么"豁然贯通"之后，学问已做到尽头，还用着什么诚意正心等等努力。所谓"为学次第"者何在？若是自己骗自己，那么用了一世格物穷理工夫，只落得一个空。而且不用功的人哪个不可以伪托？所以结果是虚伪无实着。

阳明那时代，"假的朱学"正在成行，一般"小人儒"都夹着一部《性理大全》作举业的秘本。言行相违，风气大坏。其间一二有志之士，想依着朱子所示法门切实做去，却是前举两种毛病，或犯其一，或兼犯其二，到底不能有个得力受用处。阳明早年固尝为此说所误，阅历许多甘苦，不能有得[1]。后来在龙场

---

❶ 传习录黄以方记阳明说："初年与友论做圣贤要格天下之物，因指亭前竹子令格去看，友格了三日，便劳神致疾。某说他精力不足，因自生穷格，到七日亦以劳思成疾。遂相与叹圣贤是做不得的，无他力量去格物了。"观此知阳明曾犯过泛滥无归宿的病。

又《文集·答季明德书》云："若仁之不肖，亦常陷溺于其间者几年，伥伥然自以为是矣。赖天下之灵偶有悟于良知之学，然后悔其向之所为者，固包藏祸心，作伪于外而心劳日拙者也。"观此知阳明曾犯过虚伪无着落的病。

驿三年，劳苦患难，九死一生，切实体验，才能发明这知行合一之教。

知行合一这四个字，阳明终身说之不厌。一部《王文成公全书》，其实不过这四个字的注脚。今为便于学者记忆持习起见，把他许多话头分成三组。每组拈出几个简要的话做代表。

第一组，“未有知而不行者，知而不行，只是未知。”（《传习录·徐爱记》）

第二组，“知是行的主意，行是知的工夫。知是行之始，行是知之成。”（同上）

第三组，“知行原是两个字说一个工夫，知之真切笃实处便是行，行之明觉精察处便是知。”（《文集·答友人问》）

第一组的话是将知行的本质做合理的解剖说明。阳明以为凡人有某种感觉，同时便起某种反应作用。反应便是一种行为，感觉与反应，同时而生，不能分出个先后。他说：

> 大学指出个真知行与人看说，“如好好色，如恶恶臭。”见好色属知，好好色属行，只见那好色时已自好了，不是见了后又立个心去好。闻恶臭属知，恶恶臭属行，只闻那恶臭时已自恶了，不是闻了后又立个心去恶。如鼻塞人虽见恶臭在前，鼻中不曾闻得，便亦不甚恶，亦只是不曾知臭。（《传习录·徐爱记》）[1]

---

[1] 《大学》“如恶恶臭如好好色”那两句话是解释“诚意”的，阳明却说他“指出个真知行”。盖阳明认致知为诚意的工夫，诚意章所讲即是致知的事，故无须再作格致补传也。此是阳明学术脉络关键所在，勿轻轻看过。

这段譬喻，说明知行不能分开，可谓深切著明极了。然犹不止此，阳明以为感觉（知）的本身，已是一种事实，而这种事实早已含有行为的意义在里头。他说：

> 又如知痛，必已自痛了方知痛；知寒，必已自寒了；知饥，必已自饥了。知行如何分得开，此便是知行的本体，不曾有私意隔断的❶。必要是如此，方可谓之知，不然只是不曾知。（同上）

常人把知看得太轻松了，所以有“非知之艰，行之维艰”一类话（案：这是伪《古文尚书》语）。徐爱问阳明：“今人尽有知得父当孝兄当弟者，却不能孝不能弟便是知与行分明是两件事。”阳明答道：“如称某人知孝，某人知弟，必是其人已曾行孝行弟，方可称他知孝知弟，不成只是晓得说些孝弟的话便可称为知孝知弟。”（同上）。譬如现在青年们个个都自以为知道爱国，却是所行所为，往往与爱国相反。常人以为他是知而不行，阳明以为他简直未知罢了。若是真知道爱国滋味和爱他恋人一样（如好好色），绝对不会有表里不如一的。所以得着“知而不行，只是不知”的结论。阳明说：“知行之体本来如是，非以己意抑扬其间，姑为是说以苟一时之效者也。”（《答顾东桥书》）

---

❶ 此文虽说“知行本体”，其实阳明所谓本体专就“知”言，即所谓良知是也。但他既已把知行认为一事，知的本体也即是行的本体，所以此语亦无病。

又阳明是主张性善说的，然则恶从哪里来呢？他归咎于私意隔断，此是阳明学说重大关目，详见第四章。

第二组的话，是从心理历程上看出知行是相倚相待的，正如车之两轮，鸟之双翼，缺了一边，那一边也便不能发生作用了。凡人做一件事，必须先打算去做，然后会着手做去。打算便是知，便是行的第一步骤。换一面看，行是行个什么，不过把所打算的实现出来。非到做完了这件事时候，最初的打算不曾完成，然则行也只是贯彻所知的一种步骤。阳明观察这种心理历程，把他分析出来，说道："知是行的主意，行是知的工夫。知是行之始，行是知之成。"当时有人问他道："如知食乃食，知路乃行，未有不见是物而先有是事者。"阳明答道：

> 夫人必有欲食之心然后知食，欲食之心即是意，即是行之始矣。食味之美恶，必待入口而后知，岂有不待入口而已先知食味之美恶者耶？必有欲行之心然后知路，欲行之心就是意，即是行之始矣。路途之险夷，必待身亲履历而后知，岂有不待身亲履历而已先知路途之险夷者耶？（《答顾东桥书》）

现在先解释"知是行的主意""知是行之始"那两句。阳明为什么和人辨论"知"字时却提出"意"字来呢？阳明以为我们所有一切知觉，必须我们的意念涉着于对境的事物终能发生[1]。离却意念而知觉独立存在，可谓绝对不可能的事。然则说我们知道某件事，一定要以我们的意念涉着到这件事为前提。意念涉着是知的必要条件，然则意即是知的必须成分。意涉着食物方会知，而

[1] 看第三章论心物合一。

意生涉着那事物便是行为的发轫。这样说来，“知是行之始”无疑了。由北京去南京的人，必须知有南京，原是不错的。为什么知有南京？必是意念已经涉着南京。涉着与知，为一刹那间不可分割的心理现象。说他是知，可以；说他是行的第一步，也可以。因为意念之涉着不能不认为行为之一种。

再解释“行是知的工夫”“行是知之成”那两句。这两句较上两句尤为重要，阳明所以苦口婆心说个知行合一，其着眼实在此点。我们的知识从哪里得来呢？有人说，从书本上可以得来；有人说，从听讲演或谈论可以得来；有人说，用心冥想可以得来。其实都不对，真知识非实地经验之后是无从得着的。你想知道西湖风景如何，读尽几十种西湖游览志便知道吗？不。听人讲游西湖的故事便知道吗？不。闭目冥想西湖便知道吗？不，不，你要真知道，除非亲自游历一回。常人以为，我走先知后行的工夫，虽未实行，到底不失为一个知者。阳明以为这是绝对不可能的事，他说：

> 今人却将知行分作两件去做，以为必先知了然后能行。我如今且去讲习讨论做知的工夫，待知得真了方去做行的工夫。故遂终身不行，亦遂终身不知。此不是小病痛。(《传习录·徐爱记》)

这段话，现在学校里贩卖知识的先生们和购买知识的学生们听了不知如何。你们岂不以为我的学问虽不曾应用，然而已经得着知识，总算不白费光阴吗？依阳明看法，你们卖的买的都是假货的，固为不曾应用的知识绝对算不了知识。方才在第一组所引的话："未有知而不行者，知而不行，只是不知。"今我不妨阳明之意，套前调补充几句："未有不行而知者，不行而求知，终究不会知。"这样说来，我们纵使以求知为目的，也不能不以力行为手段。很明白了，所以说"行是知的工夫。"又说"行是知之成。"

《中庸》说："博学之，审问之，慎思之，明辨之，笃行之。"后人以为学问思辨属知的方面讲，末句才是属行的方面讲。阳明以为错了，他说：

> 夫问思辨行所以为学，未有学而不行者也。如学孝，则必服劳奉养躬行孝道而后谓之学，岂徒悬空口耳讲说而遂可以谓之学孝乎？学射，则必张弓挟矢引满中的。学书，则必伸纸执笔操觚染翰。尽天下之学，无有不行而可以言学者。则学之始固已即是行矣……学之不能无疑则有问，问即学也，即行也。又不能无疑，则有思有辨，思辨即学也，即行也……非谓学问思辨之后而始措之于行也。是故以求能其事而言谓之学，以求辨其义而言谓之问，以求通其理而言谓之思，以求精其察而言谓之辨，以求履其实而言谓之行。盖析其功而言则有五，合其事而言则一而已。(《答顾东桥书》)

又说：

> 凡谓之行者，只是着实去做这件事。若着实做学问思辨的工夫，则学问思辨亦便是行矣。学是学做这件事，问是问做这件事，思辨是思辨做这件事。则行亦便是学问思辨矣。若谓学问思辨了然后去行，却如何悬空

去学问思辨，行时又如何去得个学问思辨的事？（《答友人问》）

据这两段话，拿行来概括学问思辨也可以，拿学来概括问思辨行也可以。总而言之，把学和行打成一片，横说竖说都通。若说学自学，行自行，那么，学也不知是学个什么，行也不知是行个什么了。

有人还疑惑，将行未行之前，总须要费一番求知的预备工夫，才不会行错。问阳明道："譬之行道者，以大都为所归宿之地。行道者不辞险阻艰难，决意向前。如使此人不知大都所在而泛焉欲往可乎。"阳明答道：

夫不辞险阻艰难而决意向前，此正是"诚意"，审如是，则其所以问道途具资斧戒舟车，皆有不容已者。不然，又安在其为决意向前，而亦安所前乎？夫不知大都所在而泛然欲往，则亦欲往而已，未当真往也。惟其欲往而未当真往，是以道途之不问，斧资之不具，舟车之不戒。若决意向前，则真往矣，真往者能如是乎！此是工夫切要处，试反求之。（《答王天宇第二书》）

又有人问："天理人欲，知之未尽，如何用得克己工夫？"阳明答道：

若不用克己工夫，天理私欲，终不自见。如走路一般，走得一段，方认得一段，走到歧路处，有疑便问。问了又走，方才能到。今于已知之天理不肯存，已知之人欲不肯去。只管愁不能尽知，闲讲何益？（《传习录·

陆澄记》)

这些话都是对于那些借口智识未充,便不去实行的人痛下针砭,内中含有两种意思:其一,只要你决心实行,则智识虽缺少些也不足为病。因为实行起来,便逼着你不能不设法求智识,智识也便跟着来了,这便是“知是行之始”的注脚。其二,除了实行外,再没有第二条路得着智识。因为智识不是凭空可得的,只有实地经验。行过一步,得着一点;再行一步,又得一点;一步不行,便一点不得。这便是“行是知之成”的注脚。

统观前两组所说这些话,知行合一说在理论上如何能成立,已大略可见了。照此说来,知行本体既只是一件,为什么会分出两个名词。古人教人为学为什么又常常知行对举呢?关于这一点的答辩,我们编在第三组,阳明说:

> 知行原是两个字说一个工夫,这一个工夫,须著此两个字,方说得完全无弊。(《答友人问》)

又说:

> 知之真切笃实处即是行,行之明觉精察处即是知。知行工夫本不可离,只为后世学者分作两截用工,失却知行本体。故有知行合一并进之说,真知即所以为行,不行不足谓之知。(《答顾东桥书》)

又说:

> 行之明觉精察处便是知,知之真切笃实处便是行。若行而不能精察明觉,便是冥行,便是学而不思则罔,所以必须说个知。知而不能真切笃实,便是妄想,便

> 是思而不学则殆，所以必须说个行。原来只是一个工夫，古人说知行皆是就一个工夫上补偏救弊说，不似今人分作两件事做。(《答友人问》)

又说：

> 若令得时，只说一个知，已自有行在。只说一个行，已自有知在。古人所以既说一个知又说一个行者，只为世间有一种人懵懵懂懂的任意去做，全不解思维省察，也只是个冥行妄作。所以必说个知方才行得是。又有一种人茫茫荡荡悬空去思索，全不肯着实躬行，也只是揣摸影响。所以必说一个行，方才知得真……今若知得宗旨时即说两个亦不妨，亦只是一个。若不会宗旨，便说一个亦济得甚事，只是闲说话。(《传习录·徐爱记》)

以上几段话，本文很明白，毋庸再下解释。我们读此，可以知道阳明所以提倡知行合一论者，一面固因为“知行之体本来如此”，一面也是针对末流学风“补偏救弊”的作用。我们若想遵从其教得个着力处，只要从真知真行上切实下工夫。若把他的话只当作口头禅玩弄，虽理论上辨析得很详尽，却又堕于“知而不行只是不知”的痼疾，非复阳明本意了。

然则阳明所谓真知真行到底是什么呢？关于这一点，我打算留待第四章“论知行合一与致良知”时再详细说明。试拿现代通行的话说个大概，则“动机纯洁”四个字，庶几近之。动是行，所以能动的机括是知，纯是专精不疑惑，洁是清醒不受蔽，质而言之，在意念隐微处（即动机）痛切下工夫。如孝亲，须把孝亲的动机养得十二分纯洁，有一点不纯洁处务要克治去；如爱国，须把爱国的动机养得十二分纯洁，有一点不纯洁处务要克治去。纯洁不纯洁，自己的良知当然会看出，这便是知的作用。看出后登时绝对的服从良知命令去做，务要常常保持纯洁的本体，这便是行的作用。若能如此，自能“好善如好好色，恶恶如恶恶臭”，便是《大学》诚意的全功，也即是正心修身致知格物的全功，所以他说：“君子之学诚意而已矣。”(《答王天宇书》)意便是动机，诚是务求纯洁，阳明知行合一说的大头脑，不外如此。他曾明白宣示他的立言宗旨道：

> 今人只因知行分作两件，故有一念发动，虽是不善，然却未曾行，便不去禁止。我今说个知行合一，正要人晓得一念发动处便即是行了……须要彻根彻底不使那一念潜伏在胸中，此是我立言宗旨。(《传习录·黄直记》)

他说：“杀人须在咽喉处着刀，为学须在心髓入微处用力。”(《答黄宗贤第五书》)他一生千言万语，说的都是这一件事。而其所以简易直捷，令人实实落落得个下手处，亦正在此。

于是我们所最要知道的，是阳明对于一般人所谓“智识”者，其所采态度如何。是否有轻视或完全抹煞的嫌疑，现在要解决这个问题作本章的结论。

阳明排斥书册上智识，口耳上智识，所标态度，极为鲜明。他说：“后世不知作圣之本，却专去知识才能上求圣人，弊精竭力，从册子上钻研，名物上考察，形迹上比拟，知识愈广，而人欲愈滋，才力愈多，而大理愈蔽。……”(《传习录·薛侃记》)从这类话看来，阳明岂不是认知识为不必要吗？其实不然，他不是不要知识，但以为“要有个头脑”(《传习录·徐爱记》)。头脑[1]是什么呢？我们叫他做诚意亦可以，叫他做致良知亦可以，叫他做动机纯洁亦可以。若没有这头脑，知识愈多愈坏。譬如拿肥料去栽培恶树的根，肥料越下得多，他越畅茂，四旁嘉谷越发长不成了。(《传习录·陆澄记》)。有了头脑之后，智识当然越多越好。但种种智识，也不消费多大的力，自然会得到，因为他是头脑发出来的条件。有人问：“如事父母，其间温凊定省之类，有许多节目，不知亦须讲求否？”阳明答道：

> 如何不讲求？只是有个头脑……此心若是个诚于孝亲的心，冬时自然思量父母的寒，便自要去求做温的道理；夏时自然思量父母的热，便自要去求个凊的道理。这都是那诚孝的心发出来的条件，却是须有这诚孝的心，然后有这条件发出来。譬之树木，诚孝的心便是根，许多条件便是枝叶，须先有根，然后有枝叶。不是先寻了枝叶然后去种根。(《传习录·徐爱记》)

智识是诚心发出来的条件，这句话便是知行合一论的最大根据了。然而条件是千头万绪千变万化的，有了诚心（即头脑）碰着这件，自然会讲求这件，走到那步，自然会追求前一步。若想

---

❶ 此是概括《传习录》中语。原文所谓头脑者，谓“只是就此心去人欲存天理”，意思只是要动机纯洁，今易其语，俾易了解。

在实行以前或简直离开实行而泛泛然去讲习讨论那些条件，那么，在这千头万绪千变万化中，从哪里讲习起呢？阳明关于此点，有最明快的议论，说道：

夫良知之于节目事变，犹规矩尺度之于方圆长短也。节目事变之不可预定，犹方圆长短之不可胜穷也。故规矩诚立，则不可欺以方圆，而天下之方圆不可胜用矣。尺度诚陈，则不可欺以长短，而天下长短不可胜用矣。良知诚致，则不可欺以节目事变，而天下之节目事变不可胜应矣。毫厘千里之谬，不于吾心良知一念之微而察之，亦将何所用其学乎？是不以规矩而欲定天下之方圆，不以尺度而欲尽天下之长短，吾见其乖张谬戾，日劳而无成也已。（《答顾东桥书》）

这段话虽然有点偏重主观的嫌疑，但事实上我们对于应事接物的智识，如何才合理，如何便不合理，这类标准，最后终不能不以主观的良知为判断。此亦事之无可如何者，即专以求知的工夫而论，我们也断不能把天下一切节目事变都讲求明白才发手去做事。只有先打定主意诚诚恳恳去做这件事，自然着手之前逼着做预备知识工夫。着手之后，一步一步的磨炼出知识来。正所谓“知是行之始，行是知之成”也。今请更引阳明两段话以结本章：

良知不由见闻而有，而见闻莫非良知之用，故良知不滞于见闻，而亦不离于见闻。……大抵学问工夫，只要主意头脑是当，若主意头脑专以致良知为事，则凡多闻多见，莫非致良知之功。（《答欧阳崇一书》）

君子之学，何尝离去事为而废论说，但其从事为论说者，要皆知行合一之功，正所以致其本心之良知，而非若世之徒事口耳谈说以为知者，分知行为两事，而果有节目先后之可言也。(《答顾东桥书》)

第三章　知行合一说在哲学上的根据

知行合一，本来是一种实践的工作，不应该拿来在理上播弄，用哲学家谭玄的头脑来讨论这个问题，其实不免有违反阳明本意的危险。(后来王学末流，失其真相，正犯此弊。)但是凡一个学说所以能成立光大，不能不有极深远极强固的理由在里头。我们想彻底了解知行合一说之何以能颠扑不破，当然不能不推求到他在哲学上的根据。

阳明在哲学上有极高超而且极一贯的理解。他的发明力和组织力，比朱子陆子都强。简单说，他是一位极端的唯心论者，同时又是一位极端的实验主义者。从中国哲学史上看，他一面像禅宗，一面又像颜习斋；从西洋哲学史上看，他一面像英国的巴克黎，一面又像美国的詹姆士。表面上像距离很远的两派学说，他能冶为一炉，建设他自己一派极圆融极深切的哲学，真是异事。

阳明的知行合一说，是从他的“心理合一说”“心物合一说”演绎出来。拿西洋哲学的话头来讲，可以说他是个绝对的一元论者。“一”者何？即“心”是也。他根据这种唯心的一元论，于是把宇宙万有都看成一体，把圣贤多少言语都打成一片，所以他不但说知行合一而已，什么都是合一。孟子说“夫道一而已矣”，他最喜欢引用这句话[1]。

他的“心理合一说”“心物合一说”，是从解释《大学》引申出来，我们要知道他立论的根原，不能不将《大学》本文仔细细绎。《大学》说：“欲修其身者先正其心，欲正其心者先诚其意。”这两句没有什么难解，但下文紧接着说：“欲诚其意者先致其知，致知在格物。”这两句却真费解了。诚意是属于志意方面的，致知是属于知识方面的。其间如何能发生密切的联络关系？说欲意志坚强（欲诚其意）先要知识充足（先致其知），这话如何讲得去？朱子添字解经说格物是“穷至事物之理”，想借一理字来做意与知之间一个连锁。于是“致知在格物”改成“致知在穷理”。格物是否可以作穷理解？另一问题，若单就“致知在格物”一句下解释，则朱子所谓“惟于理有未穷，故其知有不尽”，原未尝不可以自成片段。所最难通者，为什么想要诚意必先得穷理，理穷之后意为什么便会诚。这两件事无论如何总拉不拢来。所以朱子教人有两句重要的话：“涵养须用敬，进学则在致知”。上句是诚正的工夫，下句是格致的工夫。换句话说，进学是专属于求知识方面，与身心之修养无关系，两者各自分道扬镳。对于《大学》所谓“欲什么先什么，欲什么先什么”那种层累一贯的论法，不独理论上说不通，连文义上也说不通了。

---

[1] 《传习录·卷下》，“问，圣贤许多言语，如何却要打做一个？”曰：“不是我要打做一个，如曰：‘夫道一而已矣。’又曰：‘其为物不二则其生物不测。’天地圣人，皆是一个，如何二得？”

阳明用孟子“良知”那两个字来解释《大学》的“知”字，良知是“不学而能”的，即是主观的“是非之心”，欲诚其意者必先致其有是非之心的良知。这样一来，诚意与致知确能生出联络关系了。却是“致知在格物”那一句又解不通。若如旧说解格物为“穷至事物之理”，则主观的良知与事物之理又如何能有直接关系呢？欲对于此点得融会贯通，非先了解阳明的“心物合一论”不可，阳明说：

要知身心意知物，是一件。问：“物在外，如何与身、心、意、知是一件？”答：“耳目口鼻四肢，身也。非心，安能视听言动？心欲视听言动，无耳目口鼻四肢亦不能。故无心则无身，无身则无心。但指其充塞处言之谓之身，指其主宰处言之谓之心，指心之发动处谓之意，指意之灵明处谓之知，指意之涉着处谓之物。只是一件，意未有悬空的必着事物。”（《传习录·陈惟浚记》）

又说：

身之主宰便是心，心之所发便是意，意之本体便是知，意之所在便是物。（《传习录·徐爱记》）

又说：

心者身之主也，而心之虚灵明觉，即所谓本然之良知也。其虚灵明觉之良知感应而动者谓之意，有知而后有意，无知则无意矣，知非意之本体乎？意之所用必有其物，物即事也。如意用于事亲，即事亲为一物；意用于治国，则治国为一物；意用于读书，即读书为一物；意

用于听讼，即听讼为一物。凡意之所在，无有无物者。(《答顾东桥书》)

又说：

目无体，以万物之色为体；耳无体，以万物之声为体。……心无体，以天地万物感应之是非为体。(《传习录黄省曾记》)

现在请综合以上四段话来下总解释，阳明主张“身、心、意、知、物是一件”，这句话要分两步解剖才能说明。第一步从生理学心理学上说明身心意知如何会是一件，第二步从论理学上或认识论上说明主观的身心意知和客观的物如何会是一件。先讲第一步，身与心，骤看起来像是两件，但就生理和心理的关系稍为按实一下，则“耳目口鼻四肢非心不能视听言动，心欲视听言动，离却耳目口鼻四肢亦不能”，这是极易明之理，一点破便共晓了。心与意的关系“心之发动便是意”，这是人人所公认，不消下解释。比较难解的是意与知的关系。“意之本体便是知”这句话，是阳明毕生学问大头脑。他晚年倡“良知即本体”之论，不外从此语演进出来。他所郑重说明的“有知即有意，无知即无意”这两句话，我们试内省心理历程，不容我不首肯，然则知为意的本体亦无可疑了。阳明把生理归纳到心理上，再把心理的动态集中到意上，再追求他的静态，发现出知为本体。于是“身、心、意、知是一件”的理论完全成立了。再论第二步，主观的心和客观的物各自独立，这是一般人最易陷的错误。阳明解决这问题，先把物字下广义的解释。所谓物者不专限于有形物质，连抽象的事物如事亲治国读书等凡我们认识的对象都包括在里头，而其普遍的性质是“意之所在”“意之涉着处”。再回头来看心理状态，则意之所在所涉，“未有无物者”“意不能悬空发动，一发动便涉着到事物”，层层推剥，不能不归到“心无体，以万物之感应为体”的结论。然则从心理现象观察，主观的心不能离却客观的物即单独存在较然甚明，这是从心的方面看出心物合一。翻过来从物理上观察，也是得同一的结论。阳明以为“心外无物”（《答王纯甫书》），又说：“有是意即有是物，无是意即无是物矣。”（《答顾东桥书》）有人对于他这句话起疑问，他给他以极有趣的回答，《传习录》记道：

> 先生游南镇，一友指岩中花树问曰：“天下无心外之物，如此花树，在深山中，自开自落，于我心亦何相关”。先生曰：“尔未看此花时，此花与尔心同归于寂，尔来看此花时，则此花颜色，一时明白起来，便知此花不在尔的心外。”（《黄省曾记》）

又说：

> 我的灵明，便是天地鬼神的主宰。天没有我的灵明，谁去仰他高；地没有我的灵明，谁去俯他深；鬼神没有我的灵明，谁去辨他吉凶灾祥。天地鬼神万物，离却我的灵明，便没有天地鬼神万物了，我的灵明离却天地鬼神万物，亦没有我的灵明。……今看死的人，他的天地万物，尚在何处。（《传习录·黄直记》）

《中庸》说“不诚无物”，孟子说“万物皆备于我”。这些话都是“心外无物论”的先锋，但没有阳明说得那样明快。他所说

“你未看此花时，此花与你同归于寂”，又说“死了的人，他的天地万物在何处”，真算得彻底的唯心派论调。这类理论和譬喻，西洋哲学史上从黑格尔到罗素，打了不少笔墨官司。今为避免枝节起见，且不必详细讨论，总之凡不在我们意识范围内的物（即阳明所谓意念不涉着者），最多只能承认他有物理学上数理学上或几何学上的存在，而不能承认他有伦理学上或认识论上的存在，显然甚明。再进一步看，物理学数理学几何学的本身，能离却人类的意识而单独存在吗？断断不能。例如一个等边三角形，有人说，纵使亘古没有人理会他，他毕竟是个等边三角。殊不知若亘古没有人理会时，便连“等边三角”这个名词先自不存在，何有于“他”？然则客观的物不能离却主观的心而单独存在，又至易见了。这是从物的方面看出心物合一。

还有应该注意者，阳明所谓物者，不仅限于自然界的物质物形物态，他是取极广义的解释，凡我们意识的对境皆谓之物。所以说“意用于事亲即事亲为一物，意用于治国读书听讼等则此等皆为一物”。这类物为构成我们意识之主要材料，更属显然。总而言之，有客观方有主观，同时亦有主观方有客观。因为主观的意不涉着到客观的物时，便失其作用，等于不存在。客观的物不为主观的意所涉着时，便失其价值，也等于不存在。“心物合一说”之内容大观如此。

这种“心物合一说”在阳明人生哲学上得着一个什么的结论呢？得的是“人我一体”的观念，得的是天地万物一体的观念，他说：

夫人者天地之心，天地万物，本吾一体者也。（《答聂文蔚书》）

又说：

大人者，以天地万物为一体者也，其视天下犹一家，中国犹一人焉。若夫间形骸而分尔我者，小人矣。（《大学问》）

这些话怎么讲呢？我们开口说“我，我”，什么是“我”？当然不专指七尺之躯，当然是认那为七尺之躯之主宰的心为最要的成分。依阳明看法，心不能单独存在，要靠着有心所对象的“人”，要靠着有心所对象的“天地万物”。把人和天地万物剔开，心便没有对象。没有对象的心，我们到底不能想象他的存在，心不存在，“我”还存在吗？换句话说，人们和天地万物们便是构成“我”的一部分原料——或者还是可以说是唯一的原料，离却他们，“我”便崩坏。他们有缺憾，“我”也便有缺憾，所以阳明说：

大人之能以万物为一体也，非意之也，其心之仁本若是。岂惟大人，虽小人之心亦莫不然。彼顾自小之耳，是故见孺子之入井而必有怵惕恻隐之心焉，是其心之与孺子为一体也。孺子犹同类者也，见鸟兽之哀鸣觳觫而必有不忍之心焉，是其心与鸟兽为一体也。鸟兽犹有知觉也，见草木之摧折而必有悯恤之心焉，是其心与草木为一体也。草木犹有生意也，见瓦石之毁坏而必有

顾惜之心焉，是其心与瓦石为一体也。(《大学问》[1])

前文所述“心物合一说”之实在体相，骤看来似与西洋之唯心论派或心物平行论派之辨争此问题同一步调，其实不然。儒家道术根本精神，与西洋哲学之以“爱智”为出发点者截然不同，虽有时所讨论之问题若极玄妙，而其归宿实不外以为实践道德之前提，而非如西方哲人借此为理智的娱乐工具。凡治儒家学说者皆当作如是观，尤其治阳明学者更不可不认清此点也。阳明所以反复说明心物合一之实相，不外欲使人体验出物我一体之真理而实有诸己。他以为人类一切罪恶，皆由“间形骸分尔我”的私见演生出来，而这种私见，实非我们心体所本有。“如明目之中而翳之以沙尘，聪耳之中而塞之以木楔，其疾痛郁逆，将必速去之为快，而何能忍于时刻。”(《答南元善书》) 所以他晚年专提致良知之教，说“良知见得亲切时，一切工夫都不难”(《与黄宗贤书》)。又常说“良知是本体，做学问须从本体得着头脑”(屡见《传习录》及文集)。所谓良知本体者，如目之本明，耳之本聪。若被私见(即分尔我的谬见)隔断点污时，正如翳目以沙，塞耳以楔。所以只须见得本体亲切，那么，如何去沙拔楔，其工夫自迫切而不能自已。所谓好善如好好色，恶恶如恶恶臭，必如是方能自慊。阳明教人千言万语，只是归着到这一点，盖良知见得亲切

[1] 《传习录·卷下》有“草木瓦石皆有良知”之说，语颇诞谲。细看《阳明全集》，他处并不见有此说，或者即因大学问此段，门人推论之而失其意欤。《传习录》下卷……尤其是末数页，语多不醇，刘蕺山、黄梨洲已有辨证。

时，见善自能如目之见好色，一见着便不能不好，见恶自能如鼻之闻恶臭，一闻着便不能不恶。我们若能确实见得物我一体的实相，其所见之明白，能与见好色闻恶臭同一程度。那么，更如何能容得“分尔我”的私见有丝毫之存在呢？因为“吾心与孺子为一体”，所以一见孺子入井，良知立刻怵惕恻隐，同时便立刻援之以手。因为吾心与国家为一体，所以爱国如爱未婚妻，以国之休戚利害为己之休戚利害，这不是“知之真切笃实处便是行”吗？哲理上的“心物合一论”所以实践上归宿到“知行合一论”者在此。

以下更讲他的“心理合一论”，既已承认心物合一，理当然不能离心物而存在，本来可以不必再说心理合一，阳明所以屡屡论及此，而且标“心即理”三字为一种口号者，正为针对朱子“天下之物莫不有理”那句话而发。原来这个问题发生得很早，当孟子时，有一位告子，标“仁内义外”之说，以为事物之合理不合理，其标准不在内的本心而在外的对境，孟子已经把他驳倒了，朱子即物穷理之教，谓理在天下之物，而与“吾心之灵”成为对待，正是暗袭告子遗说，所以阳明力辟他，说道：

> 朱子所谓格物云者，在“即物而穷其理”，即物穷理，是就事事物物上求其所谓定理者也，是以吾心而求理于事事物物之中，析心与理而为二矣。夫求理于事事物物者，如求孝之理于其亲之谓也。求孝之理于吾亲，则孝之理其果在于吾之心耶？抑果在于亲之身耶？假而在于亲之身，则亲没之后吾心遂无孝之理欤？见孺子入

井，必有恻隐之理。……其或不可以从之于井欤？其或可以手而援之欤？是皆所谓理也，是果在于孺子之身欤？抑果出于吾心之良知欤？以是例之，万事万物之理，莫不皆然。是可以知析心与理为二之非矣。（《答顾东桥书》）

平心论之，“就事事物物上求其所谓定理”，并非不可能的事，又并非不好的事，全然抛却主观，而以纯客观的严正态度研求物理，此正现代科学所由成立。科学初输入中国时，前辈译为“格致”正是用朱子之说哩。虽然比不过自然界之物理为然耳，科学所研究之自然界物理，其目的只要把那件物的原来样子研究得正确，不发生什么善恶价值问题。所以用不着主观，而且容不得主观。若夫人事上的理——即吾人应事接物的条理，吾人须评判其价值，求得其妥当性——即善亦即理，以为取舍从违之标准。所谓妥当不妥当者，绝不能如自然界事物之含有绝对性而常为相对性。然则离却吾人主观所谓妥当者，而欲求客观的妥当于事物自身，可谓绝对不可能的事。况且朱子解的《大学》，《大学》格致工夫，与诚意紧相衔接，如何能用自然科学的研究法来比附？阳明说：“先儒解格物为‘格天下之物’，天下之物，如何格得尽？且谓‘一草一木亦皆有理’，今如何去格？纵格得草木来，如何反来诚得自家的意。”（《传习录·黄以方记》）然则《大学》所谓物，一定不是指自然界，而实指人事交互复杂的事物，自无待言。既已如此，则所谓妥当性——即理，不能求诸各事物之自身，而必须求诸吾心，亦不待言。所以阳明说：

> 夫物理不外于吾心，外吾心而求物理，无物理矣；遗物理而求吾心，吾心又何物耶？……后世所以有专求本心遂遗物理之患，正由不知心即理耳。……外心以求理，此知行之所以二也，求理于吾心，此圣门知行合一之教。（《答顾东桥书》）

外心以求理，结果可以生出两种弊端，非向外而遗内，即向内而遗外。向外而遗内者，其最踏实的如研究自然科学，固然是甚好，但与身心修养之学，关系已经较少（也非无关系，不过较少耳，此事当别论）。等而下之，则故纸堆中片辞隻义之考证笺注，先王陈迹井田封建等类之墨守争辩，繁文缛节少仪内则诸文人剽窃模仿，诸如此类。姑无论其学问之为好为坏为有用为无用，至少也免不了博而寡要劳而少功的毛病，其决非圣学入门所宜有事也可知。向内而遗外者，视理为超绝心境之一怪物，如老子所谓“有混沌成，先天地生”“恍兮忽兮，其中有象”。禅家所谓“言语道断，心行路绝”。后来戴东原讥诮朱儒言理说是“如有物焉，得于天而具于心”者，正属此类。由前之说，正阳明所谓“外吾心而求物理”；由后之说，则所谓“遗物理而求吾心”。此两弊，朱学都通犯了：朱子笺注无数古书，乃至《楚辞》《参同契》都注到，便是前一弊；费偌大气力去讲太极无极，便是后一弊。阳明觉此两弊皆是为吾人学道之障，所以单刀直入，鞭辟近里，说道“心外无物，心外无理，心外无善”（《答王纯甫书》）。朱子解格物到正心修身，说是“古人为学次第”（《大学·章句序》）。次第云者，像上楼梯一般，上了第一级才到第二级，所以工夫变成先知（格致）后行（诚意等）。这是外心求理的当然结果，阳明主张心理合一，于是得如下的结论：

理一而已，以其理之凝聚而言则谓之性，以其凝聚之主宰而言则谓之心，以其主宰之发动而言则谓之意，以其发动之明觉而言则谓之知，以其明觉之感应而言则谓之物。故就物而言谓之格，就知而言谓之致，就意而言谓之诚，就心而言谓之正。正者正此也，诚者诚此也，致者致此也，格者格此也。（《答罗整庵书》）

这段话骤看起来，像有点囫囵笼统，其实凡一切心理现象，只是一刹那间同时并起，其间名相的分析，不过为说明的一种方便，实际上如何能划然有界限分出个先后阶段来，阳明在心物合一心理合一的前提之下，结果不认格致诚正为几件事的“次第”，只认为一件事里头所包含的条件。换言之，不是格完物才去致知，致完知才去诚意，倒是欲诚意须以致知为条件，欲致知须以格物为条件，正如欲求饱便须吃饭，欲吃饭便须拿筷子端碗。拿筷子端碗，吃饭求饱，虽像有几个名目，其实只是一件事，并无所谓次第，这便是知行合一。今为令学者了解阳明学说全部脉络起见，将他晚年所作《大学问》下半篇全录如下：

身、心、意、知、物者，是其工夫所用之条理，虽亦各有其所，而其实只是一物。格、致、诚、正、修者，是其条理所用之工夫，虽亦皆有其名，而其实只是一事。何谓身？心之形体运用之谓也。何谓心？身之灵明主宰之谓也。何谓修身？为善而去恶之谓也。吾身自能为善去恶乎？必其灵明主宰者欲为善而去恶，然后其形体运用者始能为善而去恶也。故欲修其身者，必在于先正其心也。然心之本体则性也，性无不善，则心之本体本无不正也。何从而用其正之之功乎？盖心之本体本无不正，自其意念发动，而后有不正。故欲正其心者，必就其意念之所发而正之，凡其发一念而善也，好之真如好好色，发一念而恶也，恶之真如恶恶臭，则意无不诚，而心可正矣。然意之所发，有善有恶，不有以明善恶之分，亦将真妄错杂，虽欲诚之，不可得而诚矣。故欲诚其意者，必在于致知焉。“致”者，至也，如云“丧致乎哀”之致。易言“知至至之”，“知至”者，知也，“至之”者，致也。“致知”云者，非若后儒所谓充扩其知识也，致吾心之良知焉耳。良知者，孟子所谓“是非之心，人皆有之”者也。是非之心，不待虑而知，不待学而能，是故谓之良知。凡意念之发，吾心之良知无有不自知者。其善欤，惟吾良知自知之；其不善欤，亦惟吾良知自知之。是皆无所与于他人者也。故虽小人之为不善，既已无所不至，然其见君子，则必厌然掩其不善而著其善者，是亦可以见其良知之有不容于自昧者也。今欲别善恶以诚其意，惟在致其良知之所知焉尔。何则？意念之发，吾心之良知既知其为善矣，使其不能诚有以好之，而复背而去之，则是以善为恶，而自昧其知善之良知矣。意念之所发，吾之良知既知其为不善矣，使其不能诚有以恶之，而复蹈而为之，则是以恶为善，而自昧其知恶之良知矣。若是，则虽曰知之，犹不知也，意其可得而诚乎？今于良知所知之善恶，无不诚好而诚恶之，则不自欺其良知而意可诚也已。然欲致其良知，亦岂影响恍惚而悬空无实之谓乎？是必实有其事矣。故致知必在于格物。物者事也，凡意之所发必有其事，意所在之事谓之物。格者正也，正其不正者以归于正之谓也。良知所知之善，虽诚欲好之矣，苟不即其意之所在之物而实有以为之，则是物有未格，而好之之意犹为未诚也。良知所知之恶，虽诚欲恶之矣，苟不即其意之所在之物而实有以去之，则是物有未格，而恶之之意犹为未诚也。今焉于其良知所知之善者，即其意之所在之物而实为之，无有乎不尽。于其良知所知之恶者，即其意之所在之物而实去之，无有乎不尽。然后物无不格，而吾良知之所知者，无有亏缺障蔽，而得以极其至矣。夫然后吾心快然无复余憾而自慊矣；夫然后意之所发者，始无自欺而可以谓之诚矣。故曰："物格而后知至，知至而后意诚，意诚而后心正，心正而后身修。"

这篇文字是阳明征思田临动身时写出来面授钱德洪的，可算得他平生论学的绝笔。学者但把全文仔细细绎，便可以彻底了解他学问的全部真相了。简单说，根据"身、心、意、知、物只是一物"的哲学理论，归结到"格、致、正、修只是一事"的实践法门，这便是阳明学的全体大用。他又曾说："君子之学，诚意而已矣，格物致知者，诚意之功也。”（《答王天宇书》）以诚意为全部学问之归着点，而致良知为其下手之必要条件。由此言之，知行之决为一事而非两事，不辨自明了。

最当为注意者，尤在其所言格物工夫，耳食者流，动辄以阳明学派为玄虚，为顿悟，为排斥知识，为脱略实务，此在王学末流，诚不免此弊，然而阳明本旨决不如是也。阳明常言：“格物者其用力实可见之地。”（《答罗整庵书》）盖舍此则别无用力之可见矣。陆象川教人专在人情事变上做工夫，阳明亦说：“除了人情事变则无事矣。”（《传习录·陆澄记》）又说：“若离了事物为学，却是着空。”（《传习录·陈九川记》）他在滁州时，虽亦曾沿用旧法，教人静坐，晚年却不以为然。他说：

> 人须在事上磨炼做工夫乃有益，若止好静，遇事便乱，终无长进，那静时工夫，似收敛而实放溺也。（《传习录·陈九川记》）。

又说：

> 徒知养静而不用克己工夫，临事便要倾倒，人须在事上磨炼方立得住，方能静亦定动亦定。（《传习录·陆澄记》）。

有人拿孟子“必有事焉而勿忘勿助长”那段话问他，他答道：

> 我此间讲学，只说个“必有事焉”，不说“勿忘勿助”。……不着实去“必有事”上用功，终日凭空去做个“勿忘”，又凭空去做个“勿助”，漭漭荡荡，全无着实下手处，究竟工夫只做个沉空守寂，学成一个痴呆

汉，才遇些子事来，即便牵滞纷扰，不复能经纶宰制。此皆有志之士，而乃使之劳苦缠缚，耽搁一生，皆由学术误人，甚可悯矣。(《答聂文蔚书》)

后来颜习斋痛斥主静之说，说是死的学问，是懒人的学问。这些话有无过火之处，且不必深论。若认他骂得很对，也只骂得着周濂溪、李延年，骂得着程伊川、朱晦庵乃至陈白沙，却骂不着阳明。阳明说“好静只是放溺”，说“沉空守寂会学成痴呆”，而痛惜于“学术误人”。凡习斋所说的，阳明都早已说过了。至其所说“必待入口然后知味之美恶，必待身亲履历然后知道路之险夷”，前主张知识必由实际经验得来，尤与习斋及近世詹姆士、杜威辈所倡实验主义同一口吻。以极端唯心派的人，及其讲到学识方面，不独不高谈主观，而且有偏于纯客观的倾向，浅见者或惊疑其矛盾，殊不知他的“心物合一论”“心理合一论”，结果当然要归着此点。为什么呢？他一面说“外吾心而求物理，则无物理”，同时跟着说“遗物理而求吾心，吾心又何物”（见前）。盖在心物合一的前提之下，不独物要靠心乃能存在，心也要靠物乃能存在，心物既是不能分离的东西。然则极端的唯心论，换一方面看，同时也便是极端的唯物论了。他说“心无体，以万物之感应是非为体”，以无的心而做心学，除却向“涉着于物”处用力，更有何法？夫曰“行是知的工夫”“行是知之成”，此正实验主义所凭借以得成立也。

第四章 知行合一与致良知

钱德洪、王畿所撰阳明年谱，说他三十八岁始以知行合一教学者，五十岁始揭致良知之教[1]。其实良知二字，阳明早年亦已屡屡提及，不过五十岁始专以此为教耳。他五十五岁时有给邹守益一封信，内中几句话极为有趣，他说，“近有乡大夫诮仁讲学者云：‘除却良知还有什么说得？’仁答云：‘除却良知还有什么说得！’”他晚年真是“开口三句不离本行”，千言万语，都是发挥“致良知”三字。表面看来，从前说知行合一，后来说致良知，像是变更口号。不错，口号的字句是小有变更，其实内容原只是一样，我们拿知行合一那句话代表阳明学术精神的全部也可以，拿致良知这句话代表阳明学术的全部也可以。

“致良知”这句话，是把《孟子》里“人之所不学而知者，其良知也”和《大学》里“致知在格物”那两句话联缀而成。阳明自下解说到：“孟子云‘是非之心，知也’‘是非之心，人皆有之’，即所谓良知也。孰无是良知乎？但不能致之耳。《易》谓‘知至至之’，知至者知也，至之者致知也，此知行之所以一也。近世格物致知之说，只一‘知’字尚未有下落，若‘致’字工夫，全不曾道着矣。此知行之所以二也。”（《与陆元静第二书》）观此

[1] 《与邹东廓书》云：“近来信得致良知三字真圣门正法眼藏，往年尚疑未尽，今自多事以来，只此良知，无不具足。譬之操舟得舵，平澜浅濑，无不如意，虽遇颠风逆浪，舵柄在手，可免没溺之患矣。”案：此书是正德十六年在南昌所发，时阳明五十岁，平宸濠之次年也。

可知致良知正所以为知行合一，内容完全一样，所以改用此口号者，取其意义格外明显而已。

致良知这句话，后来王门弟子说得太玄妙了，几乎令人无从捉摸。其实阳明本意是平平实实的，并不含有若何玄学的色彩，试读前章所引《大学问》中解释致知那段话，便可以了然。阳明自己把他变成几句口诀——即有名的“四句教”，所谓：

> 无善无恶心之体，有善有恶意之动，知善知恶为良知，为善去恶是格物。（《见王畿《天泉证道记》[1]）

良知能善能恶，致的工夫即是就意所涉着之事物实行为善去恶。这种工作，虽愚夫愚妇，要做便做，但实行做到圆满，虽大贤也恐怕不容易。所以这种学问，可以说是极平庸，也可以说是极奇特。刘蕺山引《系辞》中孔子赞美颜子的话来作注脚，说道：“有不善未尝不知，良知也。知之未尝复行，致良知也。”阳明亦曾拿《大学》的话来说：“‘所恶于上’是良知，‘毋以使下’是致良知。”（《传习录》下）致良知最简易的解释，不过如此。

《大学》说：“所谓诚其意者，毋自欺也。”阳明既认致知为诚意的工夫，所以最爱用“不欺良知”这句话来作致知的解释，他说：

---

[1] 后来刘蕺山黄梨洲都不信四句教，疑是王龙溪造谣言。我们尊重龙溪人格，实不敢附和此说。况且天泉证道时，有钱绪山在一块。这段话采入《传习录》，《传习后录》经绪山手定，有嘉靖丙辰跋语，其时阳明没已久了，若非师门遗说，绪山如何肯承认？蕺山门所疑者，不过因无善无恶四字，不知善之名对恶而始立，心体既无恶，当然也无善，何足为疑呢？

> 尔那一点良知，是尔自家的准则。尔意念着处，他是便知是，非便知非，更瞒他一些不得。尔只不要欺他，实实落落依着他做去，善便存，恶便去，何等稳当快乐。（《传习录·答陈九川问》）

拿现在的话说，只是绝对的服从良心命令便是。然则为什么不言良心，而言良知呢？因为心包含意与知两部分，意不必良，而知无不良。阳明说："凡应物起念处皆谓之意，意则有是有非。能知得意之是与非者则谓之良知。依得良知即无有不是。"（《答魏师说书》）"所以良知是你的明师"（《传习录》上）。关于这一点，阳明总算把性善论划出一个合理的范围。假使我们主张广义的性善，说人类一切都是对的，那么持性恶论者，随便举一个例子都可以反驳倒我们。但是，本能的发动虽有对有不对，然而某件对某件不对，我们总会觉得。就"会觉得"这一点看，就是"人之所以异于禽兽"，就是"人皆可以为尧舜"的一副本钱，所以孟子说良知良能，而阳明单提知的方面代表良心之全部，说"良知者心之本体"（《答陆元静书》）。

"有善有恶意之动"。意或动于善或动于恶，谁也不能免，几乎可以说没有自由。假使根本没有个良知在那里指导，那么，我们的行为便和下等动物一样，全由本能冲动，说不上有责任，然而实际上决不如此。"良知在人，随你如何，不能泯灭，虽盗贼亦自知不当为盗。唤他做贼，他还忸怩。"（《传习录·陈九川记》）"良知之在人心，无间于圣愚，天下古今之所用也。"（《答聂文蔚书》）"凡意念之发，吾心之良知无有不自知者。其善欤？惟吾良知自知之；其恶欤？亦惟吾良知自知之。”（《大学问》）“此两字人人所自有，故虽至愚下品，一提便省觉。”（《答聂文蔚第三书》）。既有知善知恶之良知，则选择善恶，当然属于我的自由。良知是常命令我选择善的，于是为善去恶，便成为我对于我的良知所应负之责任。人类行为所以有价值，全在这一点。

良知虽人人同有，然其明觉的程度不同，所以要下“致”的工夫。“圣人之知，如青天之日，贤人之知，如浮云天日，愚人如阴霾天日，虽有昏明不同，其能辨黑白则一。虽昏黑夜里亦影影见得黑白，就是日之余光未尽处。困学工夫，只从这一点明处精察去。”（《传习录·黄修易记》）有人对阳明自叹道：“私意萌时，分明自知得，只是不能使他即去。”阳明道：“你萌时这一‘知’，便是你的命根，当下即把那私意消除去，便是立命工夫。”（同上）假使并这一点明处而无之，那真无法可想了。然而实际上决不如此，无论如何昏恶的人，最少也知道杀人是不好。只要能知道杀人不好，“充其无欲害人之心，而仁不可胜用矣”。最少也知道偷人东西是不好，只要能知道偷东西不好，“充其无欲穿逾之心，而义不可胜用矣”。所以说，“这一知是命根”。抓着这命根往前致！致！致！由阴霾天的日致出个浮云天的日来，由浮云天的日致出个青天的日来，愚人便会摇身一变，变成贤人，摇身再变，变成圣人了。所以阳明说：“人若知这良知诀窍，随他多少邪思枉念，这里一觉，都自消融，真个是灵丹一粒点铁成金。”（《传习录·陈九川记》）利用这一觉，致良知工夫便得着把柄入手了。他又说：“杀人须在咽喉着刀，吾人为学当从心髓入微处用力。自然笃实光辉，私欲之萌，真是洪炉点雪，天下之大本立矣。”（《答黄宗贤书》）专就“这一点明处”往前致，致到通体光明，如青天之日，便有“洪炉点雪”气象，便是致良知工夫成熟。

我们最当注意者，利用那一觉，固然是入手时最简捷的法门，然并非专恃此一觉便了。后来王学末流，专喜欢讲此一觉，所以刘蕺山箴斥他们，说道：“后儒喜言觉，谓一觉无余事，即知即行……”殊不知主张一觉无余事者，不知不觉间已堕于“知而不行只是不知”，恰与阳明本意违反了。当时已有人疑阳明“立说太高，用功太捷，未免堕禅宗顿悟之机”。阳明答道：“区区格致诚正之说，是就学者本心日用事为间体究践履，实地用功，是多少次第多少积累在，正与空虚顿悟之说相反。”（《答顾东桥书》）所以致良知工夫，说易固真易，说难却又真难。当时有学者自以为已经能致知，阳明教训他道：“何言之易也，再用功半年看如何，又用功一年看如何，功夫愈久愈觉不同，此虽口说。”（《传习录·陈九川记》）晚明治王学的人，喜欢说“现成良知”，轻轻把致字抹煞，全不是阳明本意了。

致良知工夫是要无间断的，且要十分刻苦的。方才引的“私欲萌时那一知”要抓着做个命根，固也。但并非除却那时节便无所用力。阳明说：“譬之病疟之人，虽有时不发，而病根不会除，则亦不得谓之无病。”（《答陆原静书》）所以，“省察克治之功，无时而可间，如去盗贼，须有个扫除廓清之意。无事时，将好色好货好名等私，逐一追究搜寻出来，定要拔去病根，永不复起，方始为快。常如猫之捕鼠，一眼看着，一耳听着，才有一念萌动，即与克去，斩钉截铁，不可姑容与他方便，不可窝藏，不可放他出路，方是真真用功，方能扫除廓清。”（《传习录·陆澄记》）他在赣南剿土匪时候寄信给他的朋友有两句有名的话：“去山中贼易，去心中贼难。”可见得这一个“致”字，内中含有多少扎硬寨打死仗的工夫，绝非“一觉无余事”了。

阳明尝自述其用力甘苦，说道：“……毫厘之差，乃致千里之谬，非诚有求为圣人之志而从事于惟精惟一之学者，莫能得其受病之源而发其神奸之所由伏也。若某之不肖，盖亦尝陷溺于其间者几年，伥伥然既自以为是矣。赖天之灵，偶有悟于良知之学，然后悔其向之所为者，固包藏祸机作伪于外而心劳日拙者也。十余年来虽痛自洗剔创艾，而病根深痼，萌蘖时生，所幸良知在我，操得其要，譬犹舟之得舵，虽惊风巨浪，颠沛不无，尚犹得免于倾覆者也。夫旧习之溺人，虽已觉悔悟，而克治之功，尚且其难如此，又况溺而不悟日益以深者，亦将何所抵极乎！”（《与邹谦之书》）读这段话，不能不令人悚然汗下。以我们所见的阳明，学养纯粹，巍然为百世宗师。然据他的自省，则有“神奸攸伏”“作伪于外，心劳日拙”种种大病，用了十几年洗剔工夫，尚且萌蘖时生。我们若拿来对照自己，真不知何地自容了[1]。据此可知，致良知工夫，全以毋自欺为关键，把良知当作严明的裁判

[1] 阳明卒时五十八岁，寄邹谦之书是他五十五岁写的，读此可见其刻苦用功，死而后已。

官，自己常像到法庭一般，丝毫不敢掩饰，方有得力处。最妙者裁判官不是别人，却是自己，要欺也欺不得，徒然惹自己苦痛。依着他便如舟之得舵，虽惊涛骇浪中，得有自卫的把握而泰然安稳。结果得看“自慊”——自己满足，致良知工夫所以虽极艰难而仍极简易者在此。

讲到这里，我们要提出紧急动议讨论一个问题，阳明说：“良知是我们的明师，他是便知是，非便知非，判断下来绝不会错。”这话靠得住吗？我们常常看见有一件事，甲乙两个人对于他同时下相反的判断，而皆自以为本于自己的良知。或一个人对于某件事，前后判断不同，而皆以为本良知。不能两是，必有一非，到底那个良知是真呢？况且凡是非之辨所由起，必其之性质本介于两可之间者也，今若仅恃主观的良知以下判断，能否不陷于武断之弊？后来戴东原说宋儒以“意见”为理，何以见得阳明所谓良知不是各个人的“意见”呢？这是良知说能否成立之根本问题，我们要看阳明怎样的解答。

第一，须知阳明所谓知是知非者，其实只是知善知恶。（他拿是非来说不过为孟子“是非之心，人皆有之”那句话作注解。）善恶的标准，虽然也不是绝对的，但已不至如是非之疑似难辨。最少如“无欲害人”“无欲穿窬”之类几项基本标准总是有的，从良知所见到这一点致出去，总不会错。或问阳明：“人心所知，多有认贼作子处，何处乃见良知。”阳明反问：“尔以为何如？”答：“心所安处便是良知。”阳明道：“固是，但须省察，恐有非所安而安者。”（《传习录·陆澄记》）凡事就此心所安处做去，最少总可以得自慊——自己满足的结果。

第二，所谓武断或意见者，主张直觉说的人最易犯此病。阳明的致良知，骤看来很像纯任直觉，其实不然，他以格物为致知的工夫，说："欲致其良知，非影响恍惚悬空无实之谓，必实有其事。"（《大学问》）说要"在事上磨炼"（《传习录·陆澄记》）说："除却见闻，酬酢无良知可致。"（《答顾东桥书》）所以关于判断事理的知识，阳明却是主张经验论，并不主直觉论。有人问："知识不长进如何？"他答道："为学须有本原，渐渐盈科而进。婴儿在母腹时，有何知识？出胎后，方始能啼，既而后能笑，又既而后能认识其父母兄弟，又而后能立，能行，能持，能负。卒乃天下之事，无不可能。皆是精气日足，则聪明日开，不是出胎日便讲求推寻得来。"（《传习录·陆澄记》）他不认知识为能凌空笼统的一齐得着，而认为要由后天的经验，一步一步增长起来。然则戴东原所谓"理与事分为二而与意见合为一"者(《孟子字义疏证·卷上》)，在朱学或有此病，在王学决不然。阳明又说："我辈致知，只是各随分限所及，今日良知见是如此，只随今日所知扩充到底，明日良知又有开悟，便从明日所知扩充到底，如此方是精一工夫。"（《传习录·黄直记》）由此言之，良知并不是一成不变，实是跟着经验来天天长进，不过用功要有一个头脑，一切知识都从良知发生出来，才不至散而无纪罢了。阳明又说："如人走路一般，走得一段，方认得一段，走到歧路处，有疑便问，问了又走，方能到得欲到之地。……只管愁不能尽知，只管闲讲，何益？"（《传习录·陆澄记》）朱子说的"即物穷理之后一旦豁然贯通则众物表里精粗无不到……”那种做学问法，诚不免有认意见为理的危险。若阳明则全不是这种路数，他说：“并不是本体明后便于天下物便都知得都做得。天下事物如名物度数草木鸟兽之类，虽圣人亦何能尽知？但不必知的，圣人自不消求知，其所当知的，圣人自能问人。如‘子入太庙每事问’之类。……”（《传习录·黄直记》）致良知工夫，只是对于某件事应做不应做，求得一个定盘针。决定应做之后，该如何做法，跟着有多少学问思辨工作在里头，而这些工作，却要用客观的经验的不是靠主观的直觉的，这便是阳明本旨。

至于事理是非介在疑似两可之间者，决定应做与否，诚然不能不凭良知一时之直觉。阳明以为我们平日用功，不必以此等例外的事理为标准，而且欲对于此等事应付不误，只有平日把良知磨擦得精莹，存养得纯熟，然后遇事乃得其用。有人问他：“道之大端，易于明白，至于节目时变，毫厘千里，必待学而后知。如语孝……舜之不告而娶，武之不葬而兴师等事，处常处变，过与不及之间，必须讨论是非，以为制事之本。”阳明答道：“道之大端，易于明白，此语诚然。顾后之学者忽其易于明白者而弗由，而求其难者以为学，此所谓道在迩而求诸远，事在易而求诸难也。……夫良知之于节目时变，犹规矩尺度之于方圆长短也。节目时变之不可预定，犹方圆长短之不可胜穷也。……毫厘千里之谬，不于吾心良知一念之微而察之，亦将何所用其学乎？……夫舜之不告而娶，岂舜之前已有不告而娶者为之准则，故舜得以考诸何典，问诸何人，而为此耶？抑亦求诸其心一念之良知，权轻重之宜，不得已而为此耶？……后之人不务致其良知，以精察义理于此心感应酬酢之间，顾欲悬空讨论此等变常之事，执之以为制事之本，以求临事之无失，其亦远矣。”（《答顾东桥问》）这段话在实践道德学上含有重大的意味。善恶的标准，有一部分是绝对的，有一部分是相对的。相对的那部分，或甲时代与乙时代不同，或甲社会与乙社会不同，或同一时代同一社会因各个人所处的地位而不同，这种临时临事的判断，真是不能考诸何典问诸何人。除却凭主观的一念良知之直觉以权轻重之宜，没有别的办法。然则我们欲对于此等临事无失，除却平日下工夫把良知磨得雪亮，预备用得着直觉时，所直觉者不致错误，此外又更有何法呢？

第三，一般人所判断的是非善恶，自命为本于良知者，然而往往会陷于错误。这是常见的事，阳明亦承认，但阳明以为这决不是良知本身的缺点，不过没有实下“致”的工夫，以致良知被锢蔽而失其作用耳。他说：“事物之来，但尽吾心之良知以应之，所谓‘忠恕违道不远’矣，凡处得有未善及有困顿失次之患者，皆是牵于毁誉得失，不能实致其良知耳。若能实致其良知，然后见得平日所谓善者未必是善，所谓未善者却恐正是牵于毁誉得丧而自贼其良知者也。”（《答周道通书》）俗语说得好：“旁观者清，当局者迷。”同是一个人，同是那良知，何以观察旁人很清醒，自己当局便糊涂起来呢？因为一到当局便免不了得失或毁誉等等顾忌。譬如讨论一个工厂法案，某甲属于劳动阶级或想利用劳动阶级，主张便如此；某乙属于资本阶级或想利用资本阶级，主张便如彼。虽各各昌言道我本我良知的主张，其实他的良知已经被得失之见缠蔽了。纵使不属那阶级亦不想利用那阶级，然而看见哪一种时髦的主张便跟着主张去，或者从前主张错了，而护短不欲改口，他的良知已经被毁誉之见缠蔽了。此外或因一时情感冲动，或因事实牵扯，令良知失其作用者原因甚多。总而言之，以自己为本位，便有一种“我的成见”横亘胸中，便是以为良知之贼，这类东西，阳明统名之曰“私欲”。致良知工夫，最要紧是把这些私欲铲除净尽，假使一个人他虽然属于劳动阶级或资本阶级，但他并不以本身利害为本位，纯采第三者的态度，由当局而抽身出来像旁观者一样，而且并不要讨好于任何部分人，不要任何部分人恭维他，赤裸裸的真，信凭他的良知来判断这个工场法案，那么，我们敢保他下的判断，一定是“忠恕违道不远”了。致良知的实在工夫，便是如此。

阳明在江西时候，有一属官，常来旁听讲学。私下对人说：“可惜我为簿书讼狱所困，不得为学。”阳明听见了，告诉他道：“我何尝叫你离了簿书讼狱，悬空去讲学？尔既有官司的事，便从官司的事上为学，才是真格物。如问一词讼，不可因其应对无状，起个怒心；不可因他言语圆转，生个喜心；不可恶其嘱托，加意治之；不可因其请求，屈意从之；不可因自己事务烦冗，随意苟且断之；不可因旁人谮毁罗织，随人意思处之。这许多意思皆私，只尔自知，须精细省察克治，惟恐此心有一毫偏倚，这便是格物致知。簿书讼狱之间，无非实学；若离了事物为学，却是着空。”（《传习录·陈惟浚记》）据这段话所教训，可见得我们为什么判断事理会有错呢？都不外被“私的意见”蒙蔽着，只要把这种种“私”克去，自然会鉴空衡平，一切事理到跟前，都能看得真切。程明道所谓“廓然而大公物，来而顺应”正是这种境界。拿现在的话来讲，只要纯采客观态度，不掺杂丝毫主观的成见及计较，那便没有不清楚的事理[1]。

讲到这里，“图穷而匕首见”，不能不提出阳明学派最主要一个关键，曰“义利之辨”。昔朱晦庵请陆象山在白鹿洞书院讲演，象山讲《论语》“君子喻于义，小人喻于利”那一章，晦庵听了大感动，天气微暖，而汗出挥扇。阳明继承象山学派，所以陆王之学，彻头彻尾只是立志辨义利。阳明以为，良知唯一的仇敌是功利主义，不把这个病根拔去，一切学问无从做起。他所著有名的《拔本塞源论》，关于此警告说得最沉痛。今节录如下：

夫拔本塞源之论不明于天下，则天下之学圣人者，将日繁日难，斯人入于夷狄禽兽，而犹自以为圣人之学。吾之说虽或暂明于一时，终将冻解于西而冰坚于东，雾释于前而云滃于后，呶呶焉危困以死，而卒无救

---

❶ 这段话还给我们一种重大教训，就是令我们知道修养工夫，并不消把日常应做的事搁下一边另起炉灶去做。譬如一个学生，不说我现在学校功课太忙，没有时候去致良知。你在课堂上听讲，在图书馆里念书，便可以从听讲念书上头致你的良知。念一部书，完全为研求书中道理，不是想抄袭来完成毕业论文，不是要摘拾几句口耳来出风头。读时不草率，不曲解，批评时不闹意气……诸如此类，就是读书时致良知工夫。《传习录》中尚有答人问读书一段云：“且如读书时，知得强记之心不是，即克去之；有夸多斗靡之心不是，即克去之。如此则终日读书，亦只是调摄此心。”

于天下之分毫也。夫圣人之心，以天地万物为一体，其视天下之人，无外内远近。凡有血气，皆其昆弟赤子之亲，莫不欲安全而教养之，以遂其万物一体之念。天下之人心，其始亦非有异于圣人也，特其间于有我之私，隔于物欲之蔽，大者以小，通者以塞。人各有心，至有视其父子兄弟如仇雠者。圣人有忧之，是以推其天地万物一体之仁以教天下，使之皆有以克其私，去其蔽，以复其心体之同然。……孔孟既没，圣学晦而邪说横，教者不复以此为教，而学者不复以此为学。霸者之徒，窃取先王之近似者，假之于外以内济其私己之欲，天下靡然而宗之。……圣人之学，日远日晦，而功利之习愈趋愈下。其间虽尝瞽惑于佛老，而佛老之说卒亦未能有以胜其功利之心。虽又尝折衷于群儒，而群儒之论终亦未能有以破其功利之见。盖至于今，功利之毒沦浃于人之心髓，而习以成性也，几千年矣。相矜以知，相轧以势，相争以利，相高以技能，相取以声誉。……记诵之广，适以长其傲也；知识之多，适以行其恶也；闻见之博，适以肆其辩也；辞章之富，适以饰其伪也。……其称名僭号，未尝不曰吾欲以共成天下之务，而其诚心实意之所在，以为不如是则无以济其私而满其欲也。呜呼，以若是之积染，以若是之心志，而又讲之以若是之学术，宜其闻吾圣人之教，而视之以为赘疣枘凿；则其以良知为未足，而谓圣人之学为无所用，亦其势有所必至矣。(《答

顾东桥书》）

功利两个字，在今世已成为哲学上一种主义——最时髦的学派。我们生今日而讲“非功利”，一般人听了何只“以为赘疣枘凿”，一定当作妖怪了。虽然，须知阳明之“非功利”并不是叫人不做事，也不是叫人做事不要成功，更不是把人生乐利幸福一概抹杀。这些话无须多辨，只把阳明一生替国家替地方人民所做的事业点检一下，当然可以得着绝好的反证。然则他所非的功利是什么呢？是各个人自私自利——以自己利益为本位那种念头。详细点说，凡专求满足自己的肉欲，如食膏粱衣文绣宫室之美妻妾之奉等等，以及为满足肉欲起见而发生的财货欲，更进而求满足自己的权势欲，求满足自己的虚荣欲，凡此之类，阳明统名之为私欲——即功利，认为一切罪恶之根源。“知善知恶为良知，为善去恶是格物”，所谓善恶者以何为标准呢？凡做一事，发一念，其动机是否出于自私自利，即善恶之唯一标准。良知所知之善恶，就只知这一点，而且这一点，除自己的良知之外，没有别人或别的方法能知得真切确实的。然则这种标准对吗？我想完全是对的，试观凡人类的罪恶，小而自家庭细故，所谓“借父耰锄，动有德色；母取箕帚，立而谇语”，大而至于奸淫劫盗杀人放火，哪件不是从自私自利之一念发出来。其甚者为权势欲为虚荣欲所驱使，“一将功成万骨枯”，不惜举千千万万人生命以殉所谓英雄豪杰者一念中不可告人之隐，然且有奇袭之学说以为之推波助澜。例如尼采辈所崇拜之“超人”的生活，主张利用民器，以他人作牺牲品为自己成功之工具，谓为所当然。阳明所谓“以若是之心志而又讲之以若是之学术”，把人类兽性方面的本能尽情发挥，安得不率天下而为禽兽呢？阳明痛心疾首于此种祸机，所以不能不倡良知之教，他说：

> 后世良知之学不明，天下之人用其私智以相比轧，是以人各有心，而偏琐僻陋之见，狡伪阴邪之术，至于不可胜说。外假仁义之名，而内以行其自私自利之实；诡辞以阿俗，矫行以干誉；掩人之善而袭以为己长，讦人之私而窃以为己直；忿以相胜而犹谓之徇义，险以相倾而犹谓之疾恶；妒贤忌能而犹自以为公是非，恣情纵欲而犹自以为同好恶。相陵相贼，自其一家骨肉之亲，已不能无尔我胜负之意，彼此藩篱之形；而况于天下之大，民物之众，又何能一体而视之？则亦无怪于纷纷籍籍，而祸乱相寻于无穷矣！仆诚赖天之灵，偶有见于良知之学，以为必由此而后天下可得而治。是以每念斯民之陷溺，则为之戚然痛心，忘其身之不肖，而思以此救之。（《答聂文蔚书》）

这段话真是一字一泪，阳明所以极力反对功利主义，所以极力提倡致良知，他那一片婆心，和盘托出给我们看了，我们若还相信这些话有相当价值，总可以感觉到。这种专以自己为本位的人，学问少点，才具短点，作恶的程度也可以减轻点，若再加之以学问才具，天下人受其荼毒更不知所底极了。然而天下事到底是要靠有学问有才具的人去做的。倘使有学问有才具的人不能在自己心术上痛切下一番革命工夫，则这些人都是为天下造孽的人。天下的罪恶祸乱，一定相寻于无已。所以阳明对于当时的青年痛切警告道：

> 今天下时势，如沉疴积痿，所望以起死回生者，实有在于诸君子，若自己病痛未能除得，何以能疗天下之病。（《与黄宗贤书》）

当时一青年有自是好名之病，阳明屡屡责备他道："此是汝一生大病根。譬如方丈地内，种此一大树，雨露之滋，土脉之力，只滋养得这个恶根。四旁纵要种些嘉谷，上面被此树叶遮覆，下面被此树根盘结，如何生得长成？须用伐去此树，纤根勿留，方可种植嘉种。不然，任汝耕耘培壅，只是滋养此根。"（《传习录·陆澄记》）夫好名也是促进青年向上一种动机，阳明何故深恶痛绝到如此？因为好名心也是从自私自利出来，充这个念头所极，可以种种作伪，种种牺牲别人以为自己，所以真真做学问的人，非从这种罪恶根芽上廓清不可。欲廓清自私自利念头，除却致良知没有第二法门。因为心术隐微，只有自己的良知方能照察得出。阳明说："人若不于此独知之处用力，只在人所共知处用功，便是作伪，便是'见君子而后厌然'。此独知处便是诚的萌芽，以处不论善念恶念，更无虚假一是百是，一错百错，正是义利诚伪善恶界头。于此一立立定，便是正本澄源，古人为学工夫精神命脉全体，只在此处。"（《传习录》上）所以他又说："慎独即是致良知。"（《与黄勉之书》）

这样说来，致良知切实下手工夫，是不是专在消极的克己作用呢？不错，克己是致良知重要条件，但不能认克己为消极作用。阳明说:“人须有为己之心方能克己,能克己方能成己。”(《传习录上·答萧惠问》)这句话又怎样解呢?我们想彻底了解他,要回复到他的心物合一论之哲学上见解来。阳明因为确信心外无物物外无心,灼然见得我身外之人们及天地万物们都是“真我”或“大我”的构成要素。因此得着“物我同体”的结论,前文已经说过了。既已如此,然则自私自利之心,强把人我分为两体,岂不是我的“真我”罹了车裂之刑吗?所以他说:“这心之本体,便是你的真己。你若真要为那尔躯壳的己,也须用着这个真己,便须要常常保护这真己的本体。有一毫亏损他,便如刀割、如针刺,忍耐不过,必须去了刀、拔了针,才是有为己之心,方能克己。”(同上)因此之故,克己工夫,非惟用不着强制执行,或者还可以说发于本能之不容自己,所以他说道:“凡慕富贵、忧贫贱、欣戚得丧、爱憎取舍之类,皆足以蔽吾良知之体,而窒塞其用。若此者,如明目之中而翳之以尘沙,聪耳之中而塞之以木楔也。其疾痛郁逆,将必速去之为快,而何能忍于时刻乎?”(《答南元善书》)。克己本是一件极难的事,然而“见得良知亲切时,其工夫又自太难。”(《与黄宗贤书》)所谓见得亲切的是个什么?就是见出那物我为一痛痒相关的本体。这些话骤听着像是大言欺人,其实只是人生习见的事。例如慈母对于她的乳儿,青年男女对于他的恋人,那种痛痒一体的意思何等亲切!几曾见有对于自己的恋人而肯要手段顽把戏,牺牲他的利益,以谋自利者?假使有这种念头偶然涌起,一定自己觉得有伤害爱情神圣的本体,立刻感深切的苦痛,像目中尘、耳中楔一般,必拭去拔去而后为快，是不是呢？但这种境界，在一般人只有慈母对乳儿，恋人对恋人才能发现；若大圣大贤，把天下国家看成他的乳儿，把一切人类看成他的恋人，其痛痒一体之不能自已，又何足怪？阳明以为人类的本性原是如此，所有“间形骸而分尔我”者，都不过良知受蔽隔而失其作用。“致”的工夫，只是把良知麻木过去那部分打些药针，令其恢复原状，一旦恢复之后，物我一体的感觉自然十分灵敏，哪里容得纤毫间隔，下手工夫又何难之有呢？所以《大学》说“如恶恶臭，如好好色”，而阳明亦最喜引以为喻，他说：“从未见有过见好色的人要人强逼着才肯去好的。”（约《传习录》语）又说：“好色之人，未尝有痛于困忘者，只是一真切耳。”（《启问道通书》）由此观之，可见在致良知这个口号底下所用克己工夫，是积极的而非消极的了。

良知本体与功利主义之分别，孟子说得最明白：“凡人乍见孺子将入于井，皆有怵惕恻隐之心，非所以纳交于孺子之父母也，非所以要誉于乡党朋友也，非恶其声而然也。”乍见的恻隐，便是良知本体。纳交、要誉、恶其声等等杂念，便是得丧毁誉关系，便是功利。致良知工夫，最要紧是“非所以什么，非所以什么”，换句话说，一切行为，都是目的，不是手段，阳明说：

> 君子之学，求尽吾心焉尔。故其事亲也，求尽吾心之孝，而非以为孝也。事君也，求尽吾心之忠，而非以为忠也。是故夙兴夜寐，非以为勤也；剸繁理剧，非以为能也；嫉邪祛蠹，非以为刚也；规切谏诤，非以为直也；临难死义，非以为节也。吾心有不尽焉，是谓自欺

其心，心尽而后，吾之心始自以为快也。惟夫求以自快吾心，故凡富贵贫贱、忧戚患难之来，莫非吾所以致知求快之地。苟富贵贫贱、忧戚患难而莫非吾致知求快之地，则亦宁有所谓富贵贫贱、忧戚患难者足以动其中哉？世之人徒见君子之于富贵贫贱、忧戚患难无入而不自得也，而皆以为独能人之所不可及，不知君子之求以自快其心而已矣。（《题梦槎奇游诗卷》）

这段话是“如恶恶臭，如好好色，此之谓自慊”那几句的详注。问为什么要恶恶臭，为什么要好好色，谁也不能说出理由来。只是生理作用，非好好恶恶不能满足罢了。人生数十寒暑，勤勤恳恳乃至忍艰难冒危险去做自己良心上认为应做的事，问为什么？什么都不为。再问，只能答道为良心上的安慰满足。这种人生观，真是再逍遥自在不过的了，真是再亲切有味不过的了。回看功利主义者流，天天以为什么为什么相号召，营营于得丧毁誉，过几十年患得患失日子者，孰为有价值，孰为无价值，我们可以知所别择了❶。

以上所述，致良知的全部工夫大概都讲到了。但是，不能致良知的人，如何才会致起来呢？阳明以为最要紧是立志，孔子说：“为仁由己，而由人乎哉？”又说：“我欲仁，斯仁至矣。”阳明接见学者，常以此激劝之，其在龙场，示诸生教条四章，首即

❶ 阳明既排斥功利主义，当然也跟着排斥效率主义。他说：“圣贤只是为己之学，重功夫不重效验。”（《传习录》下）

立志，其在《传习录》中谆谆言此者不下数十条。其示弟立志说云：

君子之学，无时无处而不以立志为事。正目而视之，无他见也；倾耳而听之，无他闻也。如猫捕鼠，如鸡伏卵，精神心思凝聚融结，而不复知有其他，然后此志常立，神气精明，义理昭著。一有私欲，即便知觉，自然容住不得矣。故凡一毫私欲之萌，只责此志不立，即私欲便退；听一毫客气之动，只责此志不立，即客气便消除。或怠心生，责此志，即不怠；忽心生，责此志，即不忽；躁心生，责此志，即不躁；妒心生，责此志，即不妒；忿心生，责此志，即不忿；贪心生，责此志，即不贪；傲心生，责此志，即不傲；吝心生，责此志，即不吝。盖无一息而非立志责志之时，无一事而非立志责志之地。故责志之功，其于去人欲，有如烈火之燎毛，太阳一出，而魍魉潜消也。

志是志个什么呢？阳明说，要志在必为圣人，他的门生箫惠问学，他说："待汝办个真求为圣人的心来再与汝说。"（《传习录》上）有一天，几位门生侍坐，阳明叹息道："你们学问不得长进，只是未立志。"有一位李珙起而对曰："我亦愿立志。"阳明说："难说不立，未是必为圣人之志耳。"（《传习录》下）这些话不知现代青年们听了怎么样，我想不是冷笑着以为迂而无用，便是惊骇着以为高不可攀，其实阳明断不肯说迂而无用的话，也断不肯说高不可攀的话，我们欲了解他的真意，请先看他对于“圣人”两字所下定义，他说：

圣人之所以为圣，只是其心纯乎天理而无人欲之杂。犹精金之所以为精，但以其成色足而无铜铅之杂也。人到纯乎天理方是圣，金到足色方是精。然圣人之才力，亦有大小不同，犹金之分两有轻重。尧、舜犹万镒，文王、孔子犹九千镒……伯夷、伊尹犹四五千镒。才力不同，而纯乎天理则同，皆可谓之圣人。犹分两不同，而足色则同，皆可谓之精金。……盖所以为精金者，在足色，而不在分两。所以为圣者，在纯乎天理，而不在才力也。故虽凡人，而肯为学，使此心纯乎天理，则亦可为圣人。犹一两之金，比之万镒，分两虽悬绝，而其到足色处，可以无愧。故曰“人皆可以为尧舜”者以此。学者学圣人，犹炼金而求其足色，金之成色所争不多，则锻炼之工省，而功易成。成色愈下，则锻炼愈难。人之气质清浊粹驳，有中人以上、中人以下，其于道有生知安行、学知利行，其下者必须人一己百、人十己千，及其成功则一。后世不知作圣之本是纯乎天理，却专去知识才能上求圣人，以为圣人无所不知，无所不能，我须是将圣人许多知识才能逐一理会始得。故不务去天理上着工夫，徒弊精竭力，从册子上钻研，名物上考索，形迹上比拟。知识愈广而人欲愈滋，才力愈多而天理愈蔽。正如见人有万镒精金，不务锻炼成色，求无愧于彼之精纯，而乃妄希分两，务同彼之万镒，锡、铅、铜、铁

杂然而投，分两愈增而成色愈下，及其梢末，无复有金矣。（《传习录·答蔡希渊问》）

这番话可谓妙喻解颐！圣人中可以分出等第，有大圣人、小圣人，第一等、第二等圣人，乃至第九十九等圣人，而其为圣人则一。我们纵使够不上做一万斤重的一等圣人，最少也可以做一两重、一钱重、一分重乃至一厘重的第九十九等圣人。做一厘重的九十九等圣人，比诸一万斤重的一等凡人或坏人，其品格却是可贵。孟子所谓“人皆可以为尧舜”，必要如此方解得通，否则成为大妄语了。

当时有一位又聋又哑的人名叫杨茂，求见阳明，阳明和他笔谈，问道：“你口不能言是非，你耳不能听是非，你心还能知是非否？”茂答：“知是非。”阳明说：“如此，你口虽不如人，你耳虽不如人，你心还与人一般。”茂首肯拱谢。阳明说：“大凡人只是此心，此心若能存天理，是个圣贤的心，口虽不能言，耳虽不能听，也是个不能言不能听的圣贤。心若不存天理，是个禽兽的心，口虽能言，耳虽能听，也只是个能言能听的禽兽。”茂听了扣胸指天。阳明说：“……你但在里面行你那是的心，莫行你那非的心。纵使外面人说你是也不须管，说你不是也不须管。”茂顿首拜谢。（《论泰和杨茂》）这段话虽极俚浅，却已把致良知彻始彻终工夫包括无遗。人人都有能知是非的心，只要就知之所及行那是的心不能行那非的心，虽口不能言耳不能听，尚且不失为不能言不能听的圣人。然则“圣人与我同类”，人人要做圣人便做圣人，有什么客气呢？至于或做个不识一字在街上叫化的圣人，或做个功被天下师表万世的圣人，这却是量的分别，不是质的分别。圣人原是以质计不以量计的，阳明教学者要先办个必为圣人之志，所办办此而已。

这样看来，阳明致良知之教，总算平易极了，切实极了。然则后来王学末流，为什么会堕入空寂为后世诟病呢？原来阳明良知之说，在哲学上有很深的根据，既如前章所述。他说："心之本体便是知。"所谓"见得良知亲切"者，即是体认本体亲切之谓。向这里下手，原是一了百了的绝妙法门，所以阳明屡屡揭此义为学者提掇。但他并非主张"一觉之后无余事"者，所以一面直提本体，一面仍说："省察克治之功无时而可已。"而后之学者，或贪超进，惮操持，当然会发生出近于禅宗之一派，此亦学术嬗变上不可逃避之公例也。钱绪山说："师既没，音容日远，吾党各以己见立说。学者稍见本体，即好为径超顿悟之说，无复有省身克己之功。视师门诚意格物、为善去恶之旨，皆相鄙以为第二义。简略事为，言行无顾，甚者荡灭礼教，犹自以为圣门之最上乘。噫！亦已过矣。"（《大学问·跋》）王学末流，竟倡"现成良知"之说，结果知行不复合一，又陷于"知而不行只是不知"之弊，其去阳明之本意远矣。

1926年12月

在北京学术讲演会及清华学校讲演

知行合一新论

贺麟

知行合一说与王阳明的名字可以说是分不开的。王阳明之提出知行合一说，目的在于为道德修养，或致良知的功夫，建立理论的基础。他对于知行合一说之发挥，颇得力于与他的第一个得意弟子——他的颜回——徐爱的问题切磋。及徐爱短命死后，他便很少谈知行合一问题。到他晚年他便专提出“致良知”之教，以代替比较有纯理论意味的知行合一说。所以后来阳明各派的门徒所承受于他而有所发挥的，几乎全属于致良知之教及天泉证道的四句宗旨。他的各派门徒，对他的知行合一说，不唯没有新的发挥，甚至连提也绝少提到。此后三百多年内赞成、反对阳明学说的人虽多，但对知行合一说，有学理的发挥，有透彻的批评和考察的人，似乎很少。

知行合一说虽因表面上与常识抵触，而易招误解，但若加正当理解，实为有事实根据，有理论基础，且亦于学术上求知，道德上履践，均可应用有效的学说。而知行问题，无论在中国的新理学或新心学中，在西洋的心理学或知识论中，均有重新提出讨论，重新加以批评研究的必要。我甚且以为，不批评地研究思有问题而直谈本体，所得必为武断的玄学（dogmatic metaphysics）；而不批评地研究知行问题而直谈道德，所得必为武断的伦理学（dogmatic ethics）。因为道德学研究行为的准则，善的概念，若不研究与行为相关的知识，与善相关的真，当然会陷于无本的独断。至于不理会知行的根本关系，一味只知下“汝应如此”“汝应知彼”，使由不使知的道德命令的人，当然就是狭义的、武断的道德家。而那不审问他人行为背后的知识基础，只知从表面去判断别人行为的是非善恶的人，则他们所下的道德判断也就是武断的道德判断。因为反对道德判断、道德命令和道德学上的武断主义，所以我们要提出知行问题。因为要超出常识的浅薄与矛盾，所以我们要重新提出表面上好像与常识违反的知行合一说。

要讨论知行问题，首先要将知行的概念界说清楚，也可以说是将知行二名词所指的范围划分清楚。

“知”指一切意识的活动。“行”指一切生理的活动。任何意识的活动，如感觉、记忆、推理的活动，如学问思辨的活动，都属于知的范围。任何生理的动作，如五官四肢的运动固属于行，就是神经系的运动，脑髓的极细微的运动，或古希腊哲学家所谓火的原子的细微运动，亦均属于行的范围。

照这样讲来，第一，“行”是一种活动，“知”也是一种活动。行是生理的，或物理动作；知是意识的，或心理的动作。知行虽是两种性质不同的活动，但知与行皆同是活动。因此，我们不能说，行是动的，知是静的。只能说行有动静，知也有动静。但是我们承认任何学问思辨或意识心灵的活动都有生理的条件、物质的变化相伴随。

第二，“知”既指一切意识活动，当然包括各式各样的意识活动，而在这些样式不同或种类不同的意识活动中，也是有等级可分的。同样，“行”既指一切生理的活动，亦当然包括各式各样的生理活动在内，而在这些样式不同或种类不同的生理活动中，也是有等级可分的。我们现在不是研究意识类型学或行为类型学，我们也不必指出知与行的各种类型，我们也不必去排列各类型等级的高下。我们只需确认知与行都是有等级的事实即行。我现在只提出“显”与“隐”（explicit and implicit）两个概念——从心理学借用的自然标准，来判知与行的等级。譬如，我们以最显著的生理动作，如动手动足的行为为显行；以最不显著或隐晦的生理动作，如静坐、思的行为为隐行。显行与隐行间只有量的程度的或等级的不同，同是行为，而且同是生理或物理的行为。同样，我们以最显著的意识活动，如思、推理、研究学问为显知，以最不显著或隐晦的意识活动，如本能的知识、下意识的活动等为隐知。显知与隐知间亦只有量的、程度的或等级的差别，而无根本的不同或性质的不同。

第三，“知”“行”既有显隐等级的区别，则可以推知，最隐之行，差不多等于无行，如脑筋最轻微的一个运动，神经学家也无法研究，行为派的心理学家即用最精密的仪器，也无法观察。虽说几等于无行，但就理论上，我们也不能称之为生理动作。因此我们可以说，有所谓“无行之行”。同时，最隐之知，也差不多等于无知。如下等动物的意识活动和人的下意识活动，自己固不知其有知，他人也不觉其有知。但客观地讲来，此种“无知之知”，也是一种知。只可谓为隐知，但不能谓为绝对无知。

解释清楚了知和行的意义，明了了知与行同是活动，这种活动，同是有等级的差别，并且了解了有显行隐行、显知隐知的区别，有“无知之知”“不行之行”的事实，我们再进而解释“合一”的意义。

第一，就消极方面讲来，“合一”不是“混一”。说知行合一并不是说知行的关系是混淆不清，更不是把知行两个概念弄得混淆不分。持知行合一说的人绝对不是认知行是黑漆一团的混沌体，不可认知，不可分辨。反之，持知行合一说的人正是要想从知行合一的观点，更可以清楚认识知和行的真意义或真关系，更可明确把握什么是真知，什么是真行。持知行合一说的人，既不一味说知行是合一的或混一的，亦不一味说知行是对立的，二元的；他要看出知行关系的分中之合，又要看出知行关系的合中之分。他的工作形成一个三部曲：一、指出知行本来是合一的；二、分析清楚，知与行如何又分而为二，彼此对立；三、追溯出知与行如何最后复归于统一。

第二，知行合一乃知行同时发动（coincident）之意。据界说，“知”是意识的活动，“行”是生理的活动，所谓“知行合一”就是这两种活动同时产生或同时发动。在时间上，知行不能分先后，不能说知先行后；亦不能说，知后行先。两者同时发动，同时静止，不能说今日知，明日行，更不能说，此时只有意识活动，他时另有生理活动。用“同时发动”来解释“合一”，乃系采自斯宾诺莎。斯氏是主张身心合一的人。他便认为身体的动作与心的活动是同时发动的。他说：“身体之主动与被动的次序，与心之主动与被动是同时发动的（coincident）。”（斯氏著《伦理学》分三，“命题二・附释”）

第三，知行合一乃指与行为同一生理心理活动的两面（two aspects of the same psycho-physical activity）而言。知与行既是同一活动的两面，当然两者是合一的。因为知行合一是两面式的合一，若缺少一面，则那个心理生理的活动，便失其为生理心理的活动。因为知行合一是两面式的合一，所以可以解释作同时发动。譬如甲的知与乙的行可以在某时某分某秒钟内，同时发动，但甲的知与乙的行却不能认为合一。故必因知行是同一活动的两面，认知行合一为知行同时发动，方有意义。所谓知行是同一活动的两面，亦即是说知行是那同一活动的整体中的中坚部分（integral parts）或不可分离的本质。无无知之行，亦无无行之知。知与行永远在一起（always together），知与行永远陪伴着（mutual accompaniment）。如像手掌与手背是整个手的两面。一方面，手掌是手掌，手背是手背，各有其性质，各有其功用，可以分开讲；但另一方面，手掌与手背永远在一起，永远相互陪伴着。假如把手掌割掉，不唯手背失其为手背，即手亦失其为手了。知行两面说，认知行合一构成一个整个活动。对此同一的活动，从心理方面看是知，从生理或物理方面看是行。也可以说用两个不同的名词，去形容一个活动的历程。

第四，知行合一又是“知行平行”的意思。平行说与两面说是互相补充的。单抽出一个心理生理活动的孤例来看，加以横断面的解剖，则知行合一乃知行两面之意。就知行之在时间上进展言，就一串的意识活动与一串的生理活动之合一并进言，则知行合一即是知行平行。仔细分析起来，知行平行说包括下例三层意思：

（一）知识之主动、被动、变迁进退的次序或程度，与行为之主动、被动、变迁进退的次序或程度相同；换句话说，意识活动的历程与身体活动的历程乃是一而二，二而一，同时并进，次序相同。

（二）知行既然平行，则知行不能交互影响。知为知因，行为行因。知不能决定行，行不能决定知。知不能使身体动作，行不能使知识增进。

（三）上条就自然事实言，此条就研究方法言。以知释知，以行释行。各自成为系统，各自不逾越范围。以行释行，产生生理学、物理学及行为派的心理学。简言之，产生纯自然科学。以知释知，以思想释思想，可以产生纯哲学或纯精神科学。不遵范围，混乱系统，时而以知释行，时而以行释知，乃是一般矛盾的常识，非哲学非科学，夹杂不清，不能产生科学，亦不能产生哲学。前者纯用机械方法，后者纯用逻辑思考。

以上只是概括地、抽象地说明知行合一乃知行平行的意思。兹更进而从知行之内容方面，揭举实例，以表明知行之如何平行，如何合一。

第一，首先提出身心平行论或合一论者斯宾诺莎的看法。斯氏之意，以为知识方面陷于愚昧，则行为方面沦为奴隶。知的方面，只是些糊涂的经验，混淆的观念；行的方面，便是被动，便是情欲的奴隶。所知不出臆想与意见，所行便矛盾无行。若知的方面，进而为知人知物，对自然事物，对人的本性或情感有了正确的科学知识，则行的方面，便有征服自然、自立自由、利己利人的行为。最后，知的方面为知神，则行的方面为爱神。对神有爱的知，则对神便有知的爱。

第二，力主为伦理学建立知识论或形而上学基础的英国新黑格尔派的领袖格林（T. H. Green）对于知行合一或平行的看法，可略提纲要如下：

格林先从知识论方面着手来研究伦理学。据他分析的结果，知与行的关系是平行并进的。知的方面为活泼有力的印象，行的方面便为当下直接的行动。有观念的知识，与有动机的行为平行。知的方面有了自主的思想，则行的方面有了自由的意志。思想进展成为理性的系统，则意志进展成为坚定的自由的人格或品格。

由此足见他们两人的说法，实为表示知行并进的最好例子。但亦只可以当作例子看，不可把他们的说法看得太死。他们两人并没有高揭知行合一的学说。以上的例子，乃是我读斯氏的《伦理学》，读格林的《伦理学导言》，对于他们两人的思想的解释与叙述。目的在借用来表示知行合一或平行的意思，是否完全符合他们的原意，我是不敢保证的。

总之，照上面这种说法，任何一种行为皆含有意识作用，任何一种知识皆含有生理作用。知行永远合一，永远平行并进，永远同时发动，永远是一个心理生理活动的两面。是低级的知永远与最低级的行平行。“无知”与“妄为”，“盲目”与“冥行”，永远是合而为一，相依为命。最高级的知与最高级的行，所谓真切笃实的行，明觉精察的知，亦永远合而为一，相偕并进。照这种说法，说假话，作汉奸的人，也是知行合一的。就是普通所谓“口是心非”“言行不一致”的人，也是知行合一的。上至圣贤豪杰，下至愚夫愚妇，再下至禽兽昆虫，都一概是知行合一的。我们虽欲知行不合一而不可得！我们人类为自然的命运所决定，没有脱离行为的束缚而单要纯知的自由，也没有放弃知识而只要纯行的自由。因为只要人有意识活动（知），身体的跟随（A. N. Whitehead即怀特海教授所谓 the withness of the body）无论如何也是无法取消的。此种的知行合一观，我称为“普遍的知行合一论”，亦可称为“自然的知行合一论”。一以表示凡有意识之论，举莫不有知行合一的事实；一以表示不假人为，自然而然即是知行合一的事实。前者与理想的（经过选择的）知行合一论对立，后者与价值的知行合一论对立。价值的或理想的知行合一说，认知行合一为理想的知或理想的行。认知行合一为“应如此”的价值或理想，为须加以人为的努力方可达到或实现的课题或任务（Aufgabe），是只有少数人特有的功绩。而自然的知行合一论则认为知行合一乃是“是如此”的自然事实，知行本来就是合一的，用不着努力即可达到。因此单就知行合一之本身言，并无什么价值，虽然有高级的或低级的知行合一之别，但以知与行的内容为准。

要求进一步了解自然的知行合一论与价值的知行合一论的区别，并详细明了价值的知行合一论的含意与内容，可分别说明如下：

第一，自然知行合一论者与价值知行合一论者对于知行之界说不同。前者认纯意识活动为知，纯生理物理动作为行；后者认显行隐知为行，认显知隐行为知。换言之，前者所认为一部分知行合一的活动（行的程度高、知的程度低的知行合一活动），后者只认之为“行”，前者所认为另一部分知行合一的活动（知的程度高、行的程度低的知行合一活动），后者只认之为“知”。前者合显隐知行之全，而分知行；后者只抽象地为方便计，指显知为纯知，显行为纯行。

至于知行各半，程度均等，无高低之分的知行合一活动（艺术生活大约属于此类），价值的知行合一论者，亦认之为知行合一。此为双方认识相同之点。

第二，就知行合一之意义言，双方的界说，亦各不相同。自然的知行合一说者，以显行与隐知合一，或显知与隐行合一，换言之，以每一活动里知行两者自行合一，同时合一。不同时之知行合一，显知隐行与显行隐知之合一，在自然说中不可能。而价值的知行合一说者，则在不同的时间内，去求显知隐行与显行隐知之合一。因为知与行间有了时间的距离，故成为理想的而非自然的，因为要征服时间的距离与阻隔，故需要努力方可达到或实现。譬如，研究政治学，属知；将对于政治学或政治制度研究所得，实施出来，实际改革政治，属行。所谓知行合一，就是要能实施或实现对于政治学之知识、理想。换言之，所谓知行合一在某意义下即是要兼政治学家与政治改革家二者于一身。这种“知行兼有”合一观，当然是理想，是要努力方能达到的任务。而且知（研究政治学）与行（实际改革政治）间的时间距离当然相当久，甚且有至死不能“兼有”或“合一”的人。（至于此种“合一”或“兼有”是否真正有价值，又是另一问题。）

总之，价值的知行合一观，实即是知行二元观，先根据常识或为方便起见，将知行分为两事，然后再用种种的努力，勉强使知行合一，求两事兼有。因此对于知行合一或“兼有”的努力追求，可分为两个途径。一是向上的途径（upward path），即是由行（显行隐知）以求与知（显知隐行）合一的途径。一是向下的途径（downward path），即是由知（显知隐行）以求与行（显行隐知）合一的途径。向上的途径，是要超越不学无术的冥行，而寻求知识学问的基础，可以说是求知识化的途径。向下的途径，是要求避免空疏之知，虚玄之知，力求学术知识之应用，俾对社会国家人类有实际影响与裨益，可以说是求普及化、社会化、效用化的途径。

第三，照自然的知行合一说，知行不能互为因果，互相解释；但照价值的知行合一说，则知行可互相决定，互相解释。知可为行之因，行可为知之因。可以用一个人的知识来解释他所以产生某种行为的原因，可以用他的行为来解释他何以有某种知识的原因。此外还有一种知行合一的例子，就是在时间上前后两种活动（一知一行）是紧接着的，无有长距离，用不着努力以求合一，而前后两种活动，自然合一。可分两方面说：

（一）先知后行例。如见虎（知）而跑（行）；又如乍见孺子将入于井（知）而立往救援（行）。

（二）先行后知例。如有时兵士作战时受伤（行）而不自知，甚至相当时间以后，感觉疼时方知受伤（知）。

这两种例子，性质完全不同，当分别讨论。二条的例子，乃是常识所谓"行而不知"或"先行后知"的例子，不是知行合一的例子。譬如一个人受他人影响，初不自知，事后反省，方恍然觉悟，我们决不能说这人是知行合一。关于此点，以后讨论詹穆士一兰格学说时，当更加论列。至于见虎而跑，乍见孺子将入井而往救之的事实，和类似这种的事实，亦可以认作代表价值的知行合一的事例。因为这都是好的行为，有价值的行为。如果见虎不跑，有被噬之危险，见死不救，将受良心谴责，或受社会非议，故有价值。再则见虎而跑，见死往救，虽然知与行间时间的距离很短，且也需要相当的努力。这种的知行关系，仍不是我所谓自然的知行合一，可谓为率真的（spontaneous）知行合一。率真的知行合一，可算作价值的知行合一的一类。同样，王阳明常举如好好色如恶恶臭的例子，亦只能算作率真的知行合一，而非自然的或本然的知行合一。至于常识或我此处所谓价值合一论者，所以要将知行分开于先，然后又求合一于后，其原因乃出于方便与抽象，上面已经说过。其实主要的原因，乃是基于客观的心理事实。盖因就自然的知行合一说论来，知与行本来就是合一的。但在这本然的知行合一体中，据心理学来看，有表象与背境的关系（figure and ground，figure 一字甚难译，兹译作表象。表象即表露出来的现象，或表示全体，代表全体的现象的意思）。譬如，就显知隐行的合一体言，则显然知是表象，隐行是背境。故人即用这合一体中之表象（知）以代表之。又如就显行隐知的合一体言，则显然行是表象，知是背境。人们的心理作用，大都趋于注重表象，即用于代表全体。举实例来说，如吃饭本来是知行合一的活动，但在这吃饭的知行合一体中，生理动作显然是表象，意识动作显然是背境，因此常识大多认吃饭属于行。又如读书本来是生理心理同时活动的知行合一体。但因读书目的在求知（虽则，也有读书目的在作事的），且心理活动更较生理活动为显著。故在读书的知行之整体中，知为表象，行为背境，因此常识便认读书属于知的范围。又如医师治病，一方面要知道高深的医学，知道医理，一方面需要高明的诊治术或巧妙的割治手术。究竟在医生治病的工作中，知的成分多，抑行的成分多；知是表象，抑行是表象，就没有吃饭读书那样显著。因此有的人认知是表象，谓医生“知医”；有的人又以行为表象，谓医生“行医”。总之，我借用表象与背境的心理学来解释：一则可以说明知行本来是合一的全体的事实，二则，可借以解释何以常识只以合一的全体中之主要的显明的成分表示全体的心理原因。

知道了知行有显隐的区别，知道了知行合一体中又有表象与背境的关系，我们可以进而讨论知行的主从关系了。合一与混一不同，前已言明。在混一体中，则无主从可分。但在合一体中，则可以辨别主从，亦应当辨别主从，且事实上任何二者联合之合一体中实有主从的关系。

所谓主从关系，即是体用关系，亦即目的与手段关系，亦可谓为领导者与随从者的关系。

就表面看来，知行之主从关系，好似视知行之显隐，或视知行之为表象为背境为准：在显知隐行的合一体中，似知为主，行为从；反之，在显行隐知的合一体中，则行为主，知为从。又好似，当知为表象时则知为主，行为从；当行为表象时，则行为主，知为从。但我的意思，主从的关系的区别要有意义的话，不能以事实上的显与隐或心理上的表象与背境定主从，而当以逻辑上的知与行的本质定二者之孰为主孰为从。

又价值的知行合一中，有所谓向上的途径，与向下的途径之别：则当由行以求与知行合一的途径中，似知为主，行为从；而在由知以求与知行合一的向下途径中，似行为主，知为从。但仔细研究起来，在向上途径中，知固为主，行为从；而在向下途径中，亦仍当以知为主，以行为从。兹试更进一步分析知与行的关系。

一、知是行的本质（体），行是知的表现（用）。行若不以知作主宰，为本质，不能表示知的意义，则行为失其所以为人的行为的本质，而成为纯物理的运动。因为物理的运动就是不表现任何思想方面、知识方面的意义的。故行为之所以超出纯机械的物理运动,而取得有意识的行为的资格,就因为它能够与知合一,服从知的指导,表示知的意义。知是不可见的,知借行为而表现其自身。吾人一方面可以自内反省,而知自己之知或自己之思,一方面可以借观察他人表现在外之行为,而知他人之知或知他人之思。故知是体,行是用;知是有意义的、有目的的,行是传达或表现此意义或目的之工具或媒介。故可下界说如下:行为者表现或传达知识之工具也,知识者指导行为之主宰也。

二、"知"永远决定行为,故为主;"行"永远为知所决定,故为从。人之行不行,人之能行不能行,为知所决定。盖人决不能做他所绝对不知之事。人之行为所取的方向,所采的方法,亦为知所决定。行为效率的高低,行为之坚定笃实否,为知识之颖敏深澈精到否所决定。被动之行为为被动之知所决定,错误的行为为错误的知所决定,道德行为、艺术创造、学术研究的行为为道德、艺术、学术的行为所决定。从价值的知行合一观点来说,则显知隐行,永远决定显行隐知。是此一较高级的知行合一体从外面去决定另一较低的知行合一体,是前因与后果(antecedence and consequence)的关系。从自然的知行合一的观点看来,知行同时发动,两相平行,本不能互相决定,但亦可谓为内在的决定或逻辑的决定。这就是说,知为行之内在的推动原因,知较行有逻辑的在先性。

三、"知"永远是目的,是被追求的主要目标;"行"永远是工具,是附从的、追求的过程。任何人的活动都是一个求知的活动。科学家种种实验观察、旅行调查的行为，是求知“是什么”(what)的历程。哲学家种种推论、分析、批评、怀疑的活动，乃是求知“为什么”（why）的努力。道德家的知识是关于“应做什么”（what ought we do）的知识；道德家的行为是为“应做什么”的理想，或价值之知所指导所鼓舞而产生的行为。其他如军事家、政治家、工程师等，表面上好像以作战胜利、改革政治、开发自然等实际行为为主要目标，而以知识为附从的手段。其实深一层观察，任何伟大的军事家、政治家、工程师，他们最后的目的仍是求知，他们整个的生活仍是求知的生活，不过他们所求的知识，主要的乃是关于“如何做”（how to do）的知识罢了。没有“how to do”的知识，他们一件事也做不出来。他们事业上伟大的建树，乃是他们学问上(关于 how to do)伟大知识的表现。无论什么人，无论在什么情形下，他的行为永远是他的知识的功能(action is always the function of knowledge)。

以上是从正面发挥知主行从说的道理。但欲此说可以根本成立，不得不对于持行主知从说的心理学说加以批评。如果我没有弄错，据我所知西洋心理学上的副象论 (epi-phenomenalism)者，和詹姆士一兰格的情绪说，以及在知识论上持手操作论者的杜威、布里奇曼一般人，都是持知行合一论的人，而他们皆认为在知行的合一体中，行是主，知是从。

副象论乃是将斯宾诺莎的身心平行论唯物论化。此说认为身心永远平行，但心为身之影。身体的活动是这身心合一体中的主要实质，意识现象不过是生理动作所产生的影子。因此身决定心，身主心从。此说应用来讨论知行问题，当然要主张知为行之影，行主知从之说。故事实上，依平行说的原则，身心或知行不能有主从关系或因果关系。要于知行、身心间区分主从因果关系，只能在逻辑上或价值上去分辨。但就逻辑上讲来，心为身之内在因，知为行之内在因，心较身、知较行有逻辑的在先性。而如何从逻辑上证明身决定心，行决定知，则副象论者却没有作过这番批评的功夫，而只知根据片面的事实，作理论的武断。故副象论之说，既违背斯氏平行论的基本原则，又缺乏逻辑上的批评功夫。

詹姆士—兰格的情绪说其实就是副象论，也可以说根据情绪心理的研究，以替副象论张目，而且他们的情绪说直接与知行合一问题有关，开后来操作论者的先路。甚至有人附会詹姆士—兰格的情绪说以解释王阳明知行合一说，殊不知王阳明之说正与他们相反，王阳明虽没有做过他们那种笨拙的心理实验，但阳明的见解却远比他们高多了。

他们的学说大约是这样的：行为在先，知识或意识产生在后。先有某种表示情绪的生理动作发生，由于对这些生理动作的回忆、反省或觉察，才产生情绪如喜怒哀乐等的意识。举例来说，当我们看见老虎时，不假思索，立刻就发生跑避的行为，等我们跑得离老虎很远了，息住气了，我们才回忆着或意识着一种恐惧的情绪。又如当我受了一种凄惨的刺激，无意便起了一种生理的变化，如流泪、哭泣之类，直到这种生理的动作慢慢地传达到神经中枢，我们才开始意识着一种悲哀的情绪。根据类似这样的事实，照他们讲来，情绪的意识实为生理活动的产物（甚或副产），为生理的变化所决定。故他们对知行问题，自然要持知先行后，行主知从之说。他们与阳明的说法，恰好正相反对。

阳明说："知是行之始，行是知之成。"詹姆士—兰格说："行是知之始，知是行之成。"正好将阳明之说颠倒过来。

就事实来说，类似这种"行而不知"，或"行而后知"的心理事实，倒是很多。就是我上面所举的兵士受伤不自知，事后方知受伤而生悲苦的情绪；又如受坏朋友引诱，不知不觉间养成恶习惯，发生恶行为，及事后反省觉悟，方发生忏悔的情绪，都是属于此类心理事实的例子。但要根据此类事例来成立一个副象的情绪论，则陷于下列几点错误：

第一，不能解释许多普遍的经验事实。如黑夜谈鬼而生恐怖情绪，由恐怖情绪而起毛发悚然、身体战栗的生理状态；又如读动人的小说，或读亡父或亡友的手迹，心受感动，而欷歔流泪；或类似此种的事实，均足以证明知识在先，由知识而引起情感发生生理动作。无论如何，皆是知决定情，知决定行，并不是行决定知，可以断言，此仅就常识举例，至于康郎（Cannon）教授推翻詹姆士—兰格的情绪说的种种实验，我们此处用不着引证。

第二，此论既不就整个事实立论，亦无坚实理论基础。即以见虎而跑一事而论，更足以表示逃避老虎的生理动作乃起于老虎的一"见"，和平时对于老虎吃人可怕的知识。假如不看见老虎，即使老虎走近身边，亦不知跑。又假如见老虎而不知畏者，如三四岁之儿童然（王阳明有"东家儿童不识虎，执竿驱虎如驱牛"之语），亦未必跑，亦未必发生恐怖的情绪。由此足证，逃避老虎的生理动作和恐惧的心理情绪，皆为见虎的“见知”和知虎可畏的“闻知”所决定。故就常识分析起来，此事的知行次序应如下：1.见虎（知）；2.畏虎（情绪，亦属知）；3.逃避（见虎畏虎而产生之结果）；4.回忆刚才见虎畏虎避虎之紧张情形而生惊喜之情（知）。若另就自然的知行合一论或平行论分析起来，其次序应是这样：1.见虎（显知隐行）；2.畏虎（心理生理皆呈紧张状态，知行同等程度，难分显隐）；3.逃避（显行隐知）；4.惊喜之情（显知隐行）。而且就理论讲来，恐惧的情绪是逃避行为的本质，逃避是恐惧的表现。两者乃是同时发动的，是整个心理生理历程的两面。在停止逃避时，亦即表示最紧张的恐惧情绪的停止（也许在停止逃避时，“余惧”犹存，当另有某种生理动作以表示此余惧）。同样，悲哀是流泪的本质，流泪是悲哀的表现，不能谓停止流泪之后，慢慢地才有种悲哀的情绪产生。今谓在生理上紧张逃避的动作停止时，恐惧的情绪方产生，不惟违反常识，而且理论上讲不通。固然，回忆快乐的行为或快乐的情绪，也可产生快乐；回忆恐惧的情绪和逃避的行为，亦可产生某种轻微的恐惧情绪，但后者和前者乃是两回事，不可混为一谈。因此单就见虎而跑一事的分析，我们可以说，逃避老虎的“行”不是“知”之始，见虎畏虎的“知”，不是“行”之成。

反之，我们可以依照王阳明，说：见虎畏虎的“知”，是避虎的“行”之始；避虎的“行”，是见虎畏虎的“知”之成。

兹可进而讨论知行难易问题，照自然的知行合一讲来，知行既然合一，既然同时发动，平行并进，当然知行同其难易。就高程度的知行合一的活动言，如知高深科学的知识，行高深科学的研究或实验，知行同样艰难。就低程度的知行合一程度言，如知食堂在何处的知和动身往食堂的行，两者皆同样容易。孙中山先生以易知易行的事（如吃豆腐）与难知难行的事（如研究豆腐制造的化学原理）相比，认前者为行，后者为知，而成知难行易之说。若从自然的知行合一论看来，他乃是说显知隐行（如科学研究）难，而认显行隐知（如日常饮食的动作）易。照我们上面知主行从的说法看来，显知隐行永远决定显行隐知，较高级的知行合一体永远支配较低级的知行合一体，则显知隐行，较高级的知行合一体（即中山先生所谓科学研究及革命先觉的工作）当然难；而显行隐知，较低级的知行合一体（即中山先生所指的日常饮食的动作）当然容易。故照这样讲来，知难行易不惟是确定的真理，而且与知主行从之说互相发明。

又从价值的知行合一论看来，亦系知难而行易。盖因显行易，显知难。由显行之行到显知之知难，由经验中得学问，由生活中见真理亦皆难。反之，由显知之知到显行之行，由知而行，由原理到应用，由本质到表现，由学术到事功，则皆易。犹之，有根自易长枝叶，有源泉自易衍支流；且内充实自易流行于外，知充实自易发为行。故孙中山先生所谓“能知必能行”，不仅是一种信仰，而乃是一种事实。至“不知亦能行”，若善意解释（因我认为人不能行他所绝对不知之事，故在某意义下，不知即不能行。但此处所谓“不知”并非绝对不知之意，乃不知高深原理、不知科学根据之意），亦是事实。盖不知者可服从他人，受人指导而产生行为。但能知能行方是主动之行，不知能行则是被动的行为。总之，难易是价值问题，主从是逻辑问题。既从逻辑上将知行主从问题解答，则价值上知行难易问题自可迎刃而解。

以上系说明我们对于知行合一的看法，现在且让我以王阳明的知行合一说来印证我们的说法，并且以我们的说法来解释、发挥、批评王阳明的学说。

阳明的知行合一说，本有两个含意，亦可说是有两个说法：一是补偏救弊说的知行合一，一是本来如是的知行合一，或知行本来的体段。

所谓补偏救弊的说法，即是勉强将知行先分为二事，有人偏于冥行，便教之知以救其弊；有人偏于妄想，便教之行以救其弊。必使他达到明觉精察之行，真切笃实之知，或知行合一而后已。这样一来，知行合一便成了理想，便须努力方可达到或实现的任务（Aufgabe）。所以他说：

> 行之明觉精察处便是知，知之真切笃实处便是行。若行而不能明觉精察便是冥行，所以必须说个知。知而不能真切笃实，便是妄想，所以必须说个行。原来只是一个工夫。凡古人说行知，皆是就一个功夫上补偏救弊说，不似今人截然分作两件事做。如今说知行合一，虽亦是就今时补偏救弊说，然知行体段亦本来如是。（见《语录》）

同样的意思后见于《传习录》上：

> 古人所以既说知又说行者，只为世间有一种人，懵懵懂懂任意去做，便不解思惟省察，只是个冥行妄作，所以必说个知方才行得是。又有一种人，茫茫荡荡，悬空去思索，全不肯着实躬行，只是个揣摩影响，所以必说一个行，方才知得真。此是古人不得已补偏救弊的说话。今若知得宗旨，即说两个亦不妨，亦只是一个。若不会宗旨，便说一个，亦济甚事？只是闲说话！

阳明所谓对冥行教以真知，略相等于我们前面所谓向上的途径，即由行以求与知合一的途径；阳明所谓对空想教以笃行，略相当于我们前面所谓向下的途径，即由知以求与行合一的途径。我们说这种分知行为二于先，又求合一于后的说法，正是阳明的学说可以印证我们的说法，我们的说法可以解释阳明的学说之第一点。至于阳明的知行本来的体段，或本来的知行合一说，似亦相当于我们所谓自然的知行合一论。阳明说：

> 学之不能无疑则有问，问即学也，即行也。又不能无疑则有思有辨；思辨即学也，即行也。（《答顾东桥书》）

这与我们认学问思辨皆为知行合一体，皆为显知隐行的看法几可说完全相同，不过阳明未明言学问思辨是显知隐行罢了。他又说：

> 我今说个知行合一，正要人晓得一念发动处便即是行了。（《传习录》）

照此说，不论善念恶念，只要一念发动处便即是行，当然与我们所谓自然合一论完全契合。不过我们更分辨清楚，一念发动应属于显知隐行，并指出一念发动之所以是行，因有生理动作伴随此一念之故。

我们认知行为同一活动的两面说法，正可作阳明认知行为说明一个工夫的两个字之说的注脚：

知行原是两个字说一个功夫。这一个功夫须着此两个字，方说得完全无弊病。

又说：

若会得时，只说一个知，已自有行在，只说一个行，已自有知在。

我们认知行合一为知行平行，亦正好发挥阳明知行合一并进之说。阳明说：

知不行之不可以为学，则知不行之不可以为穷理矣。知不行之不可以为穷理，则知知行合一并进，而不可分为两节事矣。

又自然的知行合一论，认知行是有等级的差别，阳明之意似亦认有等级的差别，至少可分为至低与至高两级：最低级为空想之知与冥行之行合一或平行，最高级真切笃实之知与明觉精察之行合一或平行。

根据以上各点，可以明白见得阳明所谓知行合一的本来体段，与自然的知行合一论有许多地方均可相互印证发明。但阳明的知行合一说，只有时间观念一点没有说清楚，就是，究竟阳明所谓知行合一系指知行同时合一呢？抑指异时合一呢？若指同时合一，则人与禽兽同为知行合一，不论智愚贤不肖亦同为知行合一，此种不加修养即可达到之纯自然的知行合一，似非阳明之本意。至于有长时间距离，须积年累月，辛苦努力方可达到之知行合一或知行兼有，如先作博学审问、慎思明辨之知的努力，然后实施笃行。似此种之笃行合一，当亦非阳明之所倡导，且此种朱晦庵式的知行合一观，正是阳明之所反对者。我们试仔细理会阳明的意思，则知他所谓知行合一的本体，既非理想的、高速的，亦非自然的、毫无价值意味的，而乃持一种率真的或自动的（spontaneous）知行合一观。所谓率真的或自动的知行合一观，就工夫言，目的即手段，理想即行为，无须悬高理想设远目的于前，而勉强作积年累月之努力以求达到。就时间言，知与行紧接发动，即知即行，几不能分先后，但又非完全同时。换言之，可以说，就时间言，知与行间只有极短而难于区分之距离。如见父自知孝，见兄自知悌，见孺子入井自知往救等，便是阳明所谓知行合一的真体段。所谓“自知”亦即“自行”，即是自动的、率真的、不假造作的自会如此的知行合一。此种见父自知孝，见兄自知悌，见死自知救的知行合一，既非高远的理想，亦非自然的冲动，更非盲目的本能。阳明叫做心与理一的本心，他又叫做即知即行的良知。所以他说：“本心之明即知，不欺本心之明即行。”本心或良知，就是知行合一的本体或本来体段。且参考下面一段：

爱问：今人尽有知父当孝兄当悌者，却不能孝不能悌，知行分明是两件事。曰：此已被私欲间断，不是知行本体。未有知而不行者，知而不行，只是不知。圣贤

> 教人知行，正是要复那本体。故《大学》指个真知行与人看，说如好好色，如恶恶臭。见好色属知，好好色属行。只见好色时已自好了，不是见后又立个心去好。闻恶臭属知，恶恶臭属行，只闻恶臭时已自恶了，不是闻后别立个心去恶。（《传习录》）

照现代话讲来，见好色、闻恶臭是受刺激；好好色、恶恶臭是反应。刺激与反应间究有相当距离——时间上和动作上的距离，亦可分为两事。阳明之意，以为此种见与好、知与行是如此的率真，如此的自然流出，如此直接、当下、迅速，因而指出此种事实，来表示知行合一的本来体段。总之，第一，我们要知道阳明所最着重的知行合一说，虽近于自然的知行合一，而实非自然知行合一。第二，他虽反对高远的理想的分而后合的知行合一，但他所持的学说，仍是有理想性的，有价值意味的，有极短的时间距离的知行合一说。所以我们可以这样说，价值的知行合一说可分两派，一派为理想的价值的知行合一观，一派为直觉的或率真的价值的知行合一观。前一派以朱子为代表，后一派则是阳明所创立所倡导的。此外，对知行主从问题，阳明亦持知主行从说，值得我们特别提出。他对知行的关系有几句很精到深刻的话：

> 知是行的主意，行是知的功夫。知是行之始，行是知之成。

后二句我们于批评詹姆士一兰格的“行是知之始，知是行之成”的行主知从说时，已有所阐明。“知是行的主意”一语，尤其是讨论“知识”问题的不朽名言。知既是行的主意，则知不是死概念，更不是被动接受外界印象的一张白纸。反之，阳明认为知是主动的，是发出行为或支配行为的主意。这个学说与鲁一士“观念是行为的计划”（Idea is a plan of action），或“观念是行为的指针”（Idea is a guide to action）的说法如合符契，一扫死观念、空观念、抽象的观念之说。至阳明所谓“行是知的功夫”，即系认行为是实现所知的手续或行为是补足我们求真知的工夫之意，意思亦甚深切，且亦确认知主行从的关系。只可惜阳明所谓知行，几纯属于德行和涵养心性方面的知行。同样的意思，只消应用在自然的知识和理论的知识方面，便可以作科学思想，以及道德以外的其他一切行为的理论根据。

知道了王阳明的知行合一说，且让我们进而考察朱子对于知行问题的思想。试看阳明与朱子知行说之异同所在，并试看朱子知行说有没有足以印证我们的说法之处，或我们的知行合一说是否有足以发挥朱子的说法之处。

最足以印证并赞助我们的说法之处，即在于朱子之坚持知先行后，知主行从之说。他的意思大约可分三层来说：

第一，朱子认为不知而行，不穷理而言履践，不惟是冥行，甚至简直如盲人然，不知如何去行。他说：

> 万事皆在穷理后，经不正，理不明，看他如何履践？也只是空！

又说：

> 义理不明，如何履践？如人行路，不见便如何行？

此外《语类》还有一条，意思比较复杂，但确认知先行后则无可疑：

> 知行常相须，如目无足不行，足无目不见。论先后，知为先；论轻重，行为重。

所谓“行为重”亦指知行合一之行，或受知识指导之行，较不产生行为之抽象之知为重而言。

第二，朱子认为人之不能行善事，皆由于知不真切，若知得真切时，则不期行而自行，而不得不行。试引下列两段话：

> 若讲得道理明时，自是事父不得不孝，事兄不得不悌，交朋友不得不信。

> 只争个知与不知，争个知得切与不切。如人要做好事，到得见不好事，也似乎可做。方要做好事，又似乎有个做不好事的心，从后面牵转去。这只是知不切。

朱子论见得道理明可以医治行为的懒惰，可以养成坚卓不拔的人格一段，尤说得亲切：

> 人之所以懒惰，只缘见此道理不透，所以一向提掇不起。若见得道理分明，自住不得，岂容更有懒惰时节耶？……若使真有所见，实有下功夫处，则便在铁轮顶上旋转，亦如何动得他？（《宋元学案》卷四十九）

第三，朱子指出若不知而硬行，则少成就而有流弊。他说：

> 而今人只管说治心修身，若不见这个理，心是如何地治？身是如何地修？若如此说，资质好底，便养得成只是个无能的人。资质不好的，便都执缚不住了。见不

可谓之虚见，见无虚实，行有虚实。见只是见，见了后却有行有不行。若不见后，只要硬作，便所成者狭窄。（《语类》卷九）

朱子之所以对于知先行后，知主行从的道理，不厌反复陈说，说得如此深切著明，我看得力于程伊川甚多。伊川关于此点，尤其说得真切透彻：

未致知，怎生得行？勉强行者，安能持久？除非烛理明，自然乐循理。循理事，本亦不难，但为人不知旋安排着便道难也。知有多少般数，煞有浅深。……学者须是真知，才知得便是泰然行将去也。

如眼前诸人要特立独行，煞不难得，只是要一个知见难。人只被知见不通透。人谓要力行，亦是浅近语。人既能知见，岂有不能行？（《宋元学案》卷十四）

黄梨洲在伊川此语后，加一句案语道："宗羲案，伊川先生已有知行合一之言矣。"我看伊川此语是否包含知行合一之意，颇待考究。若此段话是知行合一之意，则前面所引朱子几段话，亦应是知行合一之意。即使程朱皆持知行合一说，但程朱之知行合一说，与阳明之知行合一说，是否相同，亦是问题。但程子这两段话，至少包含有下列几层意思，却毫无疑义：（一）知先行后，知主行从。（二）知有不同种类，知有浅深程度，所谓"知有多少般数，煞有浅深"，即是此意。（三）知难行易。所谓特立独行煞不难，只是要一个知见难。何等简切明白！苏格拉底提出"道德即是知识"之说，使知与行统一，使道德与学术携手并进。程朱关于知行的见解，其深切着明，实不亚于苏格拉底。只是后人不能把握程朱的真精神，只知从风俗习惯的义节，从制度礼教的权威，从独断冷酷的命令中去求束缚个性的道德，从知识学问中去求学养开明的道德。于此愈足以见得程朱见解的高明，和对于知行问题的透彻识见。

至于朱子关于知行的见解，最受人误解指斥的，莫过于《白鹿洞书院学规》所列："博学之，审问之，慎思之，明辨之，笃行之"五条。批评他的人都说他这样呆板的排列，将知行分为二截，陷于支离。其实，他这种看法，可以说是正代表我们所说的典型的价值的或理想的知行合一观。任何的持知行合一观的人，他不能不为方便计，根据常识，将知行分作二事，有时间先后的距离，然后再努力使知行合一或兼备于一身。朱子生平所坚苦用力的"穷理以致其知，反躬以践其实"的工夫，就是实现价值的知行合一的最大努力。所以朱子对于知行问题的根本见解，可包括在下列二命题：

1. 从理论讲来，知先行后，知主行从。

2. 从价值讲来，知行应合一，穷理与履践应兼备。

至于就教人或自修的方法而论，他完全采补偏救弊，因材施教，方便言说的办法，而无定准。但大要不外下列三途：

1. 有时他主张知与行并进，双管齐下，内外交养；用现代话说，他主张一面致知，一面力行。"涵养须用敬，进学则在致知"之教，属于此类。

2. 有时他主张若自觉学问欠缺，则可姑且先从致知着手。

3. 有时他又主张，若自觉欠缺笃行工夫，则可姑且先从力行着手。

但他根本认为无论先从致知着手也好，先从力行入手也好，结果都是互相发明，殊途同归——同归于知行合一的理想。下面两段话，最足以表示此意：

问：南轩云，致知力行互相发。曰：未必理会相发，且各项做将去。若知有未至则就知上理会。行有未至，则就行上理会。少间，自是互相发明。

学者工夫，唯在居敬穷理二事，此二事互相发。能穷理则居敬工夫日益进，能居敬则穷理工夫日益密。譬如人之两足，左足行则右足止，右足行则左足止。其实则是一事。（《语类》卷九）

总之，朱子的问题只限于"知行何以应合一"，及"如何使知行合一"方面。他全没有涉及自然的知行合一方面。也没有王阳明即知即行的说法。他认为学问思辨为知，笃行为行，不容混淆。虽则知行可以相发相辅，知可促进行，行可促进知，但知自知，行自行，界限分明。

总结起来，关于知行合一可以有二种不同的看法：

（一）自然的知行合一观。这是作者所提出来的。

（二）价值的知行合一观：1.理想的价值的知行合一观，朱子为代表；2.直觉的价值的知行合一观，王阳明为代表。

自然的知行合一观与任何一种价值合一观都不冲突。（在学理上持自然知行合一观的人，于修养方面，可任意选择朱子的路线或直觉的阳明的路线。）不唯不冲突，而且可以解释朱王两种不同的学说，为他们的知行合一观奠立学理的基础。其实朱子虽注重坚苦着力的理想的知行合一，但当他深讲涵养用敬，讲中和讲寂感时，已为王阳明的直觉的知行合一观，预备步骤。王阳明虽讲直觉的率真的知行合一，但当他讲知行之本来体段时，已具有浓厚的自然知行合一观的意味。故自然的知行合一论，实由程朱到阳明讨论知行问题的发展所必有的产物。

由于对知行合一问题的重新讨论，希望第一认识了知行的真关系，对道德生活可得一较正确的理解。理解离开知外无行，离开学问外无涵养，离开真理的指导外无道德。由于指出行为的理智基础，可以帮助我们打破那不探究道德的知识基础的武断的道德学，打破那使由不使知的武断的道德命令，并打破那只就表面指责人，不追溯行为的知识背境的武断的道德判断。第二，希望可以指出一些研究的新途径。如由意识及行为之有等级种类而提出意识类型学、行为类型学之研究。又由知行平行，以知释知，以行释行之说，而提出研究纯行为的心理学，与研究纯意识活动的精神科学。兹于结束本文之时，愿更根据知主行从，知是行的本质，行是知的表现之说，而提出行为现象学的研究。行为现象学与行为学不同。行为学是以行为释行为的、客观的、实验的纯科学。行为现象学乃系从行为的现象中去认识行为的本质——知或意识。进而由意识现象学或知识现象学之研究，而发现意识的本质，而认识借意识或知识而表现的理念。最后由理念释理念，由理念推理念，而产生逻辑学。如是则行为现象学及意识现象学均可作逻辑学之引导科学或预备科学，而逻辑学因之亦不致陷于抽象与形式。此三种学问之所以可能，由于行为所以表现意识，意识所以表现理念，而理念自明自释，故可形成纯逻辑学。

1938年在西南联合大学
哲学讨论会上的讲稿

我思
敢于运用你的理智
崇文书局·我思图书

经典维新丛书

徐梵澄系列著作

尼采自传（德译汉）
薄伽梵歌（梵译汉）
玄理参同（英译汉并疏释）
陆王学述（简体本）
老子臆解（繁体横排本）
薄伽梵歌（印度版影印）
孙波：徐梵澄传（修订版）

禅解儒道丛书

憨山大师：老子道德经解
憨山大师：庄子内篇注
蕅益大师：四书蕅益解
蕅益大师：周易禅解
马 一 浮：老子注
章 太 炎：齐物论释
杨 仁 山：经典发隐
欧阳竟无：孔学杂著

唯识学丛书

周 叔 迦：唯识研究
唐 大 圆：唯识方便谈
慈航法师：成唯识论讲话
法舫法师：唯识史观及其哲学
吕澂唯识论著集
韩清净唯识论著集
梅光羲唯识论著集
王恩洋唯识论著集
……

太古丛书

谭嗣同：揭乡愿与大盗——仁学
梁启超：国民自新之路——新民说
章太炎：学问与革命——章太炎文选
鲁 迅：解剖我自己——坟 热风